Renate Kissel
Zu Gast in der Bretagne

Renate Kissel

Zu Gast in der Bretagne

Eine kulinarische Reise

mit Bildern von Manfred Myka

Weingarten

Die Deutsche Bibliothek – CIP-Einheitsaufnahme

Kissel, Renate:
Zu Gast in der Bretagne: eine kulinarische Reise / Renate
Kissel. Mit Bildern von Manfred Myka. – Weingarten:
Weingarten, 1993
    ISBN 3-8170-0015-4
NE: Myka, Manfred [Ill.]

© by Kunstverlag Weingarten 1993
Satz: Fotosatz Riedmayer GmbH, Weingarten
Reproduktionen: repro-team gmbh, Weingarten
Gesamtherstellung: Gerstmayer Offsetdruck, Weingarten
Printed in Germany
ISBN 3-8170-0015-4

Inhaltsverzeichnis

Vorwort

Die Bretagne mit ihren verschiedenen Landschaftsformen, dem Reichtum ihrer Geschichte und dem Bewußtsein ihrer Bevölkerung ist eine der interessantesten und reizvollsten Regionen Europas. Alles ist faszinierend, alles ist bereichernd.

Frau Renate Kissel hat in vielen Jahren die Bretagne kennen und lieben gelernt. Freunde vermittelten ihr Einblicke in die traditionelle bretonische Küche, die vielseitig und sehr repräsentativ für unsere Region ist.

Schauen Sie sich doch einmal die Vielzahl der Wurstarten, der Zubereitungen von Makrelen oder Seeohren an. Haben Sie schon einmal unsere verschiedenen Brotsorten gezählt? Kennen Sie den einzigartigen Geschmack von Moruezungen? Eines ist sicher, alle Produkte, die in der bretonischen Küche Verwendung finden, zeichnen sich durch eine hervorragende Qualität aus.

Aber dieser Reichtum umfaßt noch sehr viel mehr, nämlich Tradition, Brauchtum und Geschichte, die in der bretonischen Kultur eine wichtige Rolle spielen. Dabei ist nicht alles meßbar, denn viele Dinge entspringen der Intuition und Kreativität.

Möge das von Frau Renate Kissel verfaßte Buch, illustriert mit Aquarellen von Herrn Manfred Myka, zahlreiche Liebhaber finden und so als Botschaft für die Gastlichkeit unseres Landes über die Grenzen hinaus bekannt werden.

Edmond Hervé
Bürgermeister von Rennes

La Bretagne avec la variété de sa géographie, la richesse de son Histoire, l'inspiration de sa population constitue l'une des régions d'Europe les plus intéressantes et les plus attrayantes. Tout y est digne d'intérêt. Tout y est enrichissant.

Madame Renate Kissel a découvert et appris à aimer la Bretagne à travers de nombreux séjours au fil des années. Par l'intermédiaire de ses amies, elle a pu se perfectionner dans la cuisine bretonne traditionnelle. Celle-ci est multiple et parfaitement représentative de notre région.

Voyez les nombreuses manières de faire le boudin, la saucisse, de préparer le maquereau ou les ormeaux. Avez-vous compté la variété de nos pains? Connaissez-vous les délices des langues de morue grillées ?

Mais cette richesse ne s'arrête pas là. Il y a les usages, les cérémonies, les interdits… La part de ce qui est compté, pesé, mesuré et la part de ce qui est estimé, jugé, inspiré… Il y a la part de ce qui est cuisiné et la part de ce qui est produit. Puissions-nous ne pas oublier l'impératif de qualité qui doit s'y attacher!

Nous souhaitons que le livre écrit par Madame Renate Kissel et illustré par les aquarelles de Monsieur Manfred Myka inspire tous les amateurs de notre cuisine et soit l'ambassadeur de notre tradition d'accueil au-delà de nos frontières.

Le Maire de Rennes,
Edmond Hervé

Ni Brei-ziz a ga-lon ka-nomp hon gwir Vro! Bru-det eo an Ar-vor dre ar bed tro dro, Dis-pont' kreiz ar-bre-zel, hon-ta-dou ken mad, A skuil-laz e-vi-hi o gwad. O Breiz ma Bro me gar- ma Bro. Tra ma-vo mor' vel mur'n he zroRa ve-zo di gabestr ma Bro.

Altes Land

Wir tapferen Bretonen lieben unser wahres Vaterland.
Das Armor ist berühmt in der ganzen Welt.
Ohne Furcht haben unsere Väter in der Schlacht
bis zum letzten Tropfen ihr Blut für es vergossen.

REFRAIN
Oh, Bretagne, mein Land, ich liebe mein Land!
So lange das Meer es wie eine Festungsmauer umspült,
soll mein Land frei sein.

Bretagne, Land der alten Heiligen, Land der Barden.
Es gibt kein Land auf der Erde, das ich so sehr liebe.
Jeder Berg und jedes Tal ist meinem Herzen teuer,
es schlafen dort viele tapfere Bretonen.

Die Bretonen sind stark und robust.
Unter dem Himmel gibt es kein tapfereres Volk.
Trauriger Klagegesang und fröhliche Lieder steigen aus ihm empor.
Oh, wie bist Du schön, mein Vaterland!

Wenn auch die Bretagne in den großen Kriegen besiegt wurde,
ihre Sprache ist noch genau so lebendig wie früher.
In ihrer Brust schlägt immer noch ein edles Herz.
Du bist jetzt aufgewacht, meine Bretagne.

Bro Goz

Ni, Breiziz a galon, karom or gwir vro
Brudet eo an Arvor dre ar bed tro-dro
Dispont kreiz ar brezel on tadou ken mad
A skuilhas eviti o gwad.

DISKAN
O Breiz, ma Bro, me gar ma Bro!
Tra ma vo mor vel mur 'n he zro,
Ra vezo digabestr ma Bro.

Ar vretoned a zo tud kalet ha Kreñv
N'eus pobl ken kalonek a zindan an neñv
Gwerz trist, son dudius a ziwan eno.
O pegen kaer, ez out, ma Bro.

Breiz, douar ar sent koz, douar ar varzed,
N'euz bro all a garan kement 'barz ar bed
Pep menez, pep traonien d'am halon zo kaër
Enno kousk meur a Vreizad ter.

Mar d'eo bet trehet Breiz er brezeliou braz,
He yez a zo bepred ken beo ha biskoaz
He halon birvidik a lamm hoaz 'n he Hreiz
Dihunet out breman, ma Breiz.

13

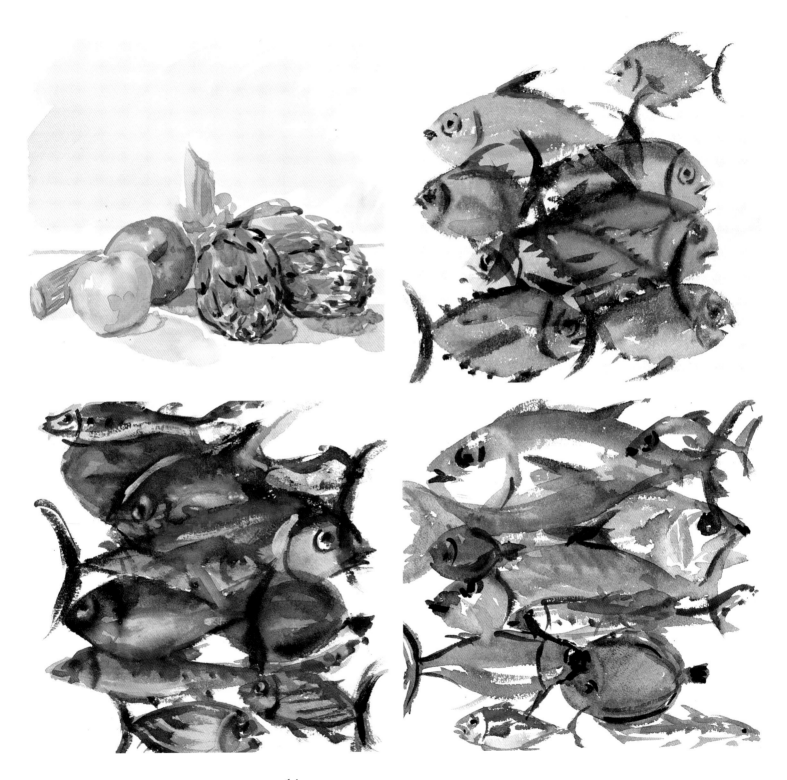

Einleitung

Wäre eine Nationalhymne das einzige schriftliche Dokument, das wir von der Bretagne besäßen, wüßten wir lediglich von der Tapferkeit ihrer Bewohner und ihrer leidenschaftlichen Liebe zu ihrem schönen Vaterland, das von ihren Vorfahren *Armor* (Land am Meer) – Armorika genannt wurde. Vom Meer wird es umspült, Helden und Heilige sind auf seinem Boden gewachsen und ruhen nun unter der Erde anmutiger Berge und Täler. Ein Hauch von Melancholie und Trotz liegt über diesem Lied, aber auch eine Note fröhlicher Lebensbejahung und warmer Herzlichkeit. Wer schon einmal die Bretagne besucht hat und dabei das Glück hatte, in eines der hinter den Hügeln geduckten Fischerhäuser eingeladen zu sein, weiß von der anfänglichen scheuen Zurückhaltung der Bretonen, denen die Natur nichts schenkt, wo die Männer sich über Monate den Gefahren des Meeres aussetzen, während die Familie mit bangem Hoffen den Tag der Rückkehr des Vaters oder die Braut das Wiedersehen mit dem Geliebten erwartet.

Bretonen sind ernste Menschen, die um die Nähe von Leben und Tod wissen, denen solches Wissen jedoch nicht Anlaß zu stumpfer Resignation ist, sondern die gerade deshalb das Leben immer wieder feiern mit allem, was es ihnen schenkt.

Gutes Essen und Trinken haben dabei einen festen Platz und Zeit spielt keine Rolle. Bretonische Küche ist anders als die typisch französische Küche, sie mag weniger raffiniert erscheinen, weniger schmackhaft ist sie sicherlich nicht.

Doch ehe wir Sie zum Essen einladen, möchten wir Sie mitnehmen bis ans Ende der Welt. So heißt der äußerste Nordwesten Frankreichs und es kann den Betrachter, so er dort auf einem der weit in den Ozean vorgestreckten Felsenfinger steht, etwa dem bizarren, steilen Pointe du Raz, schon ein merkwürdiges Gefühl überkommen. Den geschützten, sicheren Kontinent im Rücken, aber angesichts der heranstürmenden tosenden Wogengischt spürt man hautnah die elementaren Naturgewalten, die Jahrtausende an unserem Kontinent genagt und das Küstenbild ständig verändert haben. Weit vorgelagerte Inseln, es sind heute nur noch die Spitzen eines einstmals zusammenhängenden Bergmassivs, sind Zeugen dieses ständigen Kampfes. Hier versinkt die Sonne blutrot im Ozean – hier ist wirklich das Ende der Welt – „finis terrae" nannten es die Römer, bis heute wurde daraus Finistère.

Die Bretagne ist ein Land voller Reize, die durch permanente Gegensätze hervorgerufen werden. Felsige Steilküsten wechseln mit sanften Sandstränden. In den *abers*, den Flußmündungen, findet täglich zweimal der Kampf zwischen Salz- und Süßwasser statt. Alte Hafenstädte mit ihren trotzigen Wehrmauern und malerischen Gassen laden zum Verweilen ein, während man sich in zahlreichen Seebädern der Sonne und Geruhsamkeit hingeben kann. Das Land im Innern der Bretagne strahlt eine langwellige Ruhe aus, gekennzeichnet von einer gewissen Beständigkeit, die sich in grünen Wiesen, gefolgt von Heide und Moor, und nicht zuletzt in dunklen Wäldern fortsetzt. Doch der Hauch der umgebenden Meere ist allenthalben zu spüren. Einstmals war das ganze Innere der Bretagne vom Wald bedeckt. Die Bezeichnung *argoat* – Land des Waldes – erinnert daran. Der geheimnisvolle, sagenumwobene Brocéliande-Wald, dessen Eigenart man heute noch in einigen größeren zusammenhängenden Stücken erahnen kann, unter anderem auch in der Nähe von Paimpont, lohnt einen Besuch.

Weitere Gegensätze spiegeln sich im Klima wider. Es regnet oft in der Bretagne, die vielen Hecken im Landesinnern, die schützend Wiesen und Felder umgeben, lassen schnell erahnen, daß auch der Wind häufiger Gast ist, aber er trägt nie eisige Kälte ins Land. Selbst im Winter sinken die Temperaturen nicht in Frostnähe, ein Geschenk des Golfstroms, der immer funktionierenden Warmwasserheizung Europas. Sie ermöglicht üppiges Wachstum und damit den Anbau vielfältiger Gemüse- und Obstsorten. Die Bretagne ist der Gemüsegarten Frankreichs. Aber auch für ungezählte Blumen, insbesondere Hortensien, ist genügend Platz gelassen. Wie kaum sonstwo in Frankreich quellen im Sommer die Gärten über von Blumen und erfüllen mit ihrem Duft die Häuser und Straßen. Berühmt ist die Blumeninsel Bréhat, wo sogar Mimosen, Feigen und Datteln gedeihen.

Auf der Reise durch die Bretagne fällt die Wehrhaftigkeit der alten Städte auf, die ihre Fortsetzung finden in der großen Zahl burgartiger Schlösser. So versuchte man sich von alters her gegen feindliche Eindringlinge von Land oder See zu schützen. Die schönste befestigte Anlage dürfte das auf einem Felsen im

Meer erbaute Kloster des Mont St. Michel sein. Es wurde 1984 von der UNO zum Weltkulturdenkmal erklärt.

Die Bretagne ist eine der ältesten Kulturlandschaften Europas. Auf der ganzen Halbinsel gibt es Zeugnisse von Menschen, die hier bereits schon in der Vorzeit siedelten. Besonders eindrucksvoll sind die Menhire und Dolmen bei Carnac. Aber auch spätere Einwanderer, wie Kelten, Römer, bretonische Kelten – Flüchtlinge aus Britannien – sowie die Franken hinterließen ihre Spuren. Dabei kommt den bretonischen Kelten die nachhaltigste Wirkung zu. Mit ihnen begann im 5. Jahrhundert die Christianisierung der Bretagne. Viele Ortsnamen deuten auf ihre Gründer hin. Es waren Mönche und Missionare. So entstanden Gemeinden wie St. Pol-de-Léon, Ploumanach (*plou* bedeutet soviel wie Gemeinde und *manach* ist der Mönch) oder Locronan (eine Verbindung von *loc* = heiliger Ort und St. Ronan). Beim Studium einer Karte der Bretagne ist man erstaunt, wieviel Orte auf Gründungen aus dieser Zeit zurückzuführen sind.

Sieben Bischofssitze sicherten sodann den Zusammenhalt der Gemeinden, deren Pfarrkirchen häufig von den in Granit gehauenen *calvaires* (Kalvarienberge) begleitet werden, Kreuzigungsgruppen oder auch Szenen aus dem Leben Jesu, die über Jahrhunderte hinweg Wind und Wetter standgehalten haben. Unter ihnen seien die von Guimiliau und St. Thégonnec besonders hervorgehoben. Alle legen Zeugnis ab von der Religiosität und Frömmigkeit der bretonischen Bevölkerung. Sie findet ebenfalls Ausdruck in den sogenannten *pardons,* Wallfahrten, die gewöhnlich eine dem lokalen Heiligen geweihte Kapelle oder Kirche zum Ziel haben.

Zu den religiösen Festen reihen sich Ende Juli die *Fêtes de Cornouaille* oder im August das Fest der blauen Fischernetze *Fête des Filets Bleus* in Concarneau, das Ginsterfest *Fête des Ajoncs* in Pont-Aven. Die *Fêtes-Noz* sind nächtliche Feste mit Musik und Tanz. Zu diesen Festen werden heute noch traditionelle Trachten getragen. Der Kopfschmuck der Frauen, die hohen Spitzenhauben, sogenannte *coiffes* sind regional verschieden aber immer mit wunderschönen Stickereien versehen. Besonders in Pont-l'Abbé, wenn im Juli die *Fête des Brodeuses*, das Fest der Stickerinnen, stattfindet, kann man diese Kunstwerke bewundern.

Alle Veranstaltungen sind schon seit langem auch Anziehungspunkte für Touristen geworden. Die Bretagne bleibt ein heißer Tip für Menschen, die Erholung von Streß und Hektik suchen, die nicht auf Spektakuläres aus sind, sondern Bodenständigkeit und Echtheit zu schätzen wissen. Neben den vielfältigen kulturellen Angeboten braucht der Bruder Leib nicht zu kurz zu kommen. Im Gegenteil, die bretonische Küche vereinigt in seltener Frische Früchte des Meeres und des Landes. Tag für Tag bringen Fischerboote Muscheln, Krustentiere sowie unzählige Arten von Fischen an Land. In den Austernparks von Cancale, Paimpol und in den *abers*, den fjordartigen Fluß-mündungen, sowie einer Vielzahl von Flüssen entlang der Nordküste, aber auch an der Küste zwischen dem Golf von Morbihan und der Mündung der Vilaine werden Austern gezüchtet. Berühmt sind die Bélon-Austern. An der Südküste weiß man einen Fischeintopf *cotriade* auf besondere Art zu bereiten. Im Argoat, im Innern der Bretagne, spielen Flußfische wie Forelle und Salm eine wichtige Rolle.

Rinder, Schafe, Schweine und Geflügel werden in der Bretagne für ganz Frankreich gezüchtet. Die Fleischer sind wahre Künstler ihres Fachs. Ihre Schweinepasteten werden weit gerühmt. Eine Spezialität sind große und kleine Kaldaunenwürste, die *andouilles* und *andouillettes*. Einer der prominentesten Bretonen, der Romantiker François-René Vicomte de Chateaubriand hat dem berühmten Filetsteak seinen Namen gegeben.

Auch die beliebten hauchdünnen Crêpes und Galettes sind eine Erfindung der Bretonen. Dabei können sie mit Süßem oder Salzigem belegt oder gefüllt sein. Eine besondere Art sind die aus Buchweizenmehl hergestellten Galettes. Ihre Tradition reicht weit zurück in eine Zeit, als Weizenmehl noch rar und teuer war. Bretonische Hausfrauen haben eine große Anzahl von Variationen erfunden. Als Füllung wurde das genommen, was gerade zur Verfügung stand. Der auf einer großen heißen Eisenplatte gebackene Pfannkuchen kann mit Fisch, Fleisch, Gemüse, Früchten, Marmelade oder einfach nur mit Zucker belegt werden. Danach wird er von vier Seiten zugeklappt. Ohne Füllung heißt er anspruchslos *Crêpe nature*. Eine ebenfalls ursprüngliche Grundnahrung, noch bevor die Kartoffel bekannt wurde, war die süße oder gesalzene *groux*, eine Grütze aus Hafer- und Buchweizenmehl. In jenen Zeiten wurden viele Speisen mit Maronenmehl zubereitet. Der Bestand an Eßkastanienbäumen, vorzugsweise in der Gegend von Redon, ist heute noch enorm. Besondere Bedeutung hat der Anbau von Artischocken, Kohl, Kartoffeln, Bohnen und Zwiebeln. Erdbeeren aus der Gegend von Plougastel und Daoulas werden in alle Welt exportiert.

Zu allen Meeresfrüchten trinkt man gerne die trockenen Weißweine wie Muscadet oder Gros-Plant von den Weingütern um Nantes. Sonst fehlt selten bei einer Mahlzeit der Cidre, ein Apfelwein.

Weitere typisch bretonische Getränke sind der *Fine bretonne de Machecoul*, ein Muscadet-Schnaps, das Honiggetränk *Chouchen* und der Erdbeerlikör *Liqueur*

19

de Plougastel. Eau-de-Vie, aus Cidre gebrannt, kann als Digestif sehr gut eine üppige Mahlzeit abschließen.

Was mir bei einem gepflegten bretonischen Essen schließlich ins Gedächtnis kommt, ist die *Fayence de Quimper.* Unsere Freunde Marie und Renan besitzen in der Nähe von Quimper ein schönes altes aus Granit erbautes Haus, eingerahmt von Hortensien. Wir hatten das Glück, bei ihnen zum Essen eingeladen zu sein. Als ich den gedeckten Tisch sah, war ich wie verzaubert und konnte meine Augen nicht mehr von dem schönen Geschirr lenken. *Die Fayence de Quimper* ist weltberühmt. Das am häufigst wiederkehrende Motiv ist der „kleine Bretone" in seiner schmucken Bauerntracht, der in seinem Stolz auf die Erzeugnisse des Landes bei Tisch einfach immer dabei sein möchte.

Wer die Bretagne erleben und schätzen lernen möchte, sollte nicht versuchen, im Eiltempo die Sehenswürdigkeiten abzuhaken. Er sollte Zeit mitbringen und offene Sinne für all die Schönheiten der Natur, die Eigenart der Menschen sowie ihre Ausdrucksformen in Kultur und Kunst, nicht zuletzt in der Kochkunst.

Bitte beachten Sie, daß, wenn nicht anders angegeben, alle Rezepte für 4 Personen berechnet sind.

1 Eßlöffel (EL) und 1 Teelöffel (TL) bedeutet gestrichen voll und nicht gehäuft.

Die in den Rezepten angegebenen Koch- und Backzeiten können erfahrungsgemäß nur Anhaltswerte darstellen. Ich habe festgestellt, daß die Garzeiten sehr unterschiedlich sein können; ganz abgesehen davon, daß Backöfen mit Umluft kürzere Zeiten benötigen und außerdem die Temperatur um 20 – 30 °C niedriger eingestellt werden sollte. Am besten sei angeraten, gegen Ende der Backzeit eine Garprobe zu machen. Die Koch- oder Backdauer wird auch beeinflußt durch die Wahl des Geschirrs.

Zubereitungshinweise

Artischocken

Die Artischocke, die Königin der Disteln, wird im Département Finistère groß angebaut. *Camus de Bretagne,* wie sie dort liebevoll genannt wird, bedeutet „Stupsnase" – wegen ihrer großen kugeligen Form. Um an die zarten Herzen und Böden zu gelangen, bedarf es einer kleinen Fertigkeit und natürlich auch Geduld; doch der kulinarische Lohn ist groß.

Folgende Schritte sollen dabei helfen:

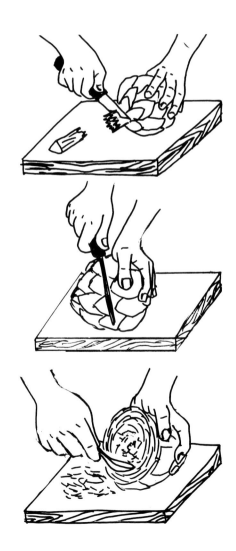

1. Den Stiel möglichst nah am Blütenansatz ruckartig abdrehen, so werden harte Fasern aus dem Boden mit herausgezogen.
2. Mit einer Schere oder einem Messer den Stielansatz gerade schneiden.
3. Die unteren harten Blätter abbrechen.
4. Mit einem Messer die übrigen Blätter gleichmäßig kürzen.
5. Den Stielansatz mit einer Zitronenscheibe belegen, um ein Verfärben zu vermeiden oder direkt in Zitronenwasser legen.
6. Während des Kochens legt man einen kleineren Deckel auf, der die Artischocken immer unter Wasser hält.
7. Zur Garprobe wird ein Blatt aus der Mitte gezogen. Löst es sich leicht, ist der Boden gar.
8. Die Artischocken werden herausgenommen und man läßt sie kopfüber abtropfen.
9. Die hellen Blütenblätter werden nun aus der Mitte der Artischocke herausgedreht.
10. Mit einem kleinen Löffel oder, noch besser, mit einem Kugelausstecher wird das sogenannte Heu vom Artischockenboden abgehoben und fortgeworfen.

Langustinen, Scampi, Kaisergranat und Tiefseekrebse:

1. Mit beiden Händen die Langustine an Kopf und Schwanz fassen und den Schwanz mit einer leichten Drehung vom Körper abziehen.
2. Mit Daumen und Zeigefinger den Schwanzpanzer zusammendrücken bis er bricht.
3. Nun kann der Panzer mit beiden Händen leicht von der Unterseite her aufgebrochen und das Fleisch freigelegt werden. Den Schwanzfächer kann man am Fleisch belassen.
4. Die Oberseite des Schwanzfleisches wird in Längsrichtung mit einem scharfen Messer nicht zu tief eingeschnitten und der Darm entfernt.

Geschälte und ungeschälte Langustinen sind frisch und in gefrorenem Zustand im Handel erhältlich. Zum Teil werden sie auf den Fangschiffen auf See schon vorgekocht, da sie roh sehr leicht verderben.

Austern

Von jeher war die Bretagne berühmt wegen ihrer Austern. Nicht nur das französische Königshaus wurde wöchentlich mit frischen Austern beliefert. Die Nachfrage war so groß, daß man Mitte vorigen Jahrhunderts in Cancale und Saint-Brieux neue Austernbänke anlegte und eine regelrechte Austernzucht betrieb. Heute werden in vielen Flußmündungen Austernparks unterhalten, ein wichtiger Wirtschaftsfaktor. In der Flußmündung des Bélon und entlang der Küste zwischen dem Golf von Morbihan und der Mündung der Vilaine werden die berühmten flachen Austern, allgemein mit dem Namen „Bélon" bezeichnet, gezüchtet. Man unterscheidet verschiedene Klassen, je nach Zuchtmethode und Aufenthaltsdauer in den Klärbecken: *claires, fines de claires* und *spéciales de claires*.
Wir haben es gleich mit den *spéciales* versucht und denken seitdem gern an ein kleines Restaurant im Hafen von Port Manech zurück.

Woran sind frische Austern zu erkennen? Sie sollten fest verschlossen sein, geöffnet angenehm riechen, leicht durchscheinend aussehen und in viel Austernsaft schwimmen. Beim Beträufeln mit Zitrone kräuselt sich der Austernsaum leicht.

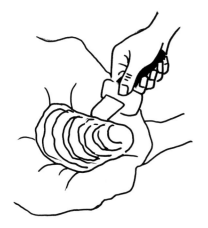 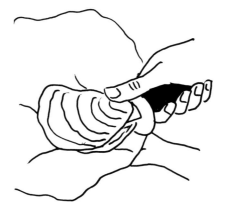 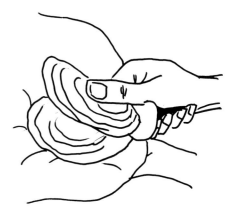

Wie öffnet man eine Auster?

1. Die Auster wird mit der gewölbten Seite nach unten und mit dem Gelenk (Schloß) nach vorn zwischen eine gefaltete Serviette gelegt.
2. Mit einer ruckartigen Drehung des kurzen kräftigen Messers werden die Schalen auseinandergebrochen.
3. Das Messer wird an der Innenseite der oberen Schale entlanggeführt, um den Muskel, der die Schalen zusammenhält, durchzuschneiden.
4. Die obere Schale wird abgenommen. Zum Servieren muß darauf geachtet werden, daß die in der unteren Schale befindliche Flüssigkeit nicht verschüttet wird. Schalensplitter kann man mit dem Messer vorsichtig entfernen.
5. Mit dem Messer löst man den Muskel unter der Auster von der Schale, während dabei die linke Hand die Schale gut festhält. Mit Zitronensaft beträufelt kann die Auster samt Flüssigkeit roh aus der Schale geschlürft oder zu anderen köstlichen Gerichten verarbeitet werden.

Groux – Galettes – Crêpes

Die ursprüngliche Küche der Bretagne war die der Bauern und Fischer. Die Gerichte bestanden oft aus nur wenigen Produkten, das machte sie einfach, deftig und kräftigend. Bis zur Entdeckung der Kartoffel bildeten, abgesehen von den Küstenregionen, wo Fisch reichlich vorhanden war, Linsen, Kastanien, Hafer und Buchweizen die Grundlage für die Ernährung.

Das einfachste Gericht aus Hafer- und Buchweizenmehl, die Grütze – *groux* – ist heute noch in der Bretagne anzutreffen. Sie kommt süß oder gesalzen auf den Tisch, ganz so, wie es gerade gewünscht wird. Zur Grundnahrung zählte auch der Buchweizenpfannkuchen, der in vielen Gegenden das Brot ersetzen mußte. Trotzdem waren die Galettes – die Bezeichnung Crêpes kam erst viel später auf – bei reich und arm beliebt. Das mag ein französisches Lied aus dem Mittelalter verdeutlichen:

Fiedler, Fiedler, willst du wohl Brot?
Gnädige Frau, 's hat keine Not!
Sie haben, was mir viel lieber,
Schöne, hübsche gnädige Frau,
Sie haben, was mir viel lieber,
Jalète für den armen Fiedler!

Galettes werden auch heute noch mit Buchweizenmehl zubereitet. Sie sollen weich und dünn sein. Bereitet man den Teig aus Weizenmehl, wie dies in reicheren Gegenden der Bretagne immer schon der Fall war, sprach und spricht man von Crêpes, jedoch gibt es im äußersten Westen, der Basse-Bretagne also, auch Crêpes aus Buchweizen. Das Wort *krampouez* bedeutet dabei soviel wie knusprig und so kann man sie auch heute noch serviert bekommen.

Allgemein gilt, daß ein Pfannkuchen aus Buchweizenmehl als Galette, aus Weizenmehl als Crêpe bezeichnet wird. Galettes können mit allem, was einem einfällt, gefüllt werden, wobei die einfachste Art der Füllung aus Eiern, Käse oder Schinken besteht. In einer *galette complète* sind alle drei Zutaten enthalten. Wenn Sie selbst eine Galette zubereiten wollen, benötigen Sie dazu folgende Instrumente:

1 Kochplatte aus Eisen oder Gußeisen

1 Teigschieber

1 Wendemesser

1 kleine Schüssel für Öl

1 Schüssel, möglichst aus Steingut, für den Teig

1 Schöpflöffel

1 Schüssel mit Wasser, in die der Teigschieber getaucht wird

1 langer Holzlöffel

Mont Saint-Michel

Man sagt, daß der Fluß Couesnon aus einer Laune heraus den „Mont" der Normandie zugeschlagen hat. Der bretonische Schriftsteller Pierre Jakez Hèlias umschreibt aber sehr geschickt diese Tatsache, wenn er sagt, daß der Berg bei Flut vom Land getrennt zur Normandie gehört, bei Ebbe jedoch, wenn man ihn trockenen Fußes erreichen kann, in der Bretagne liegt. Je nachdem, ob Sie eine größere Schwäche für Normannen oder Bretonen haben, werden Sie den Berg der einen oder anderen Völkergruppe zusprechen.

Groux

220 g Hafermehl oder -schrot
1 1/2 Liter Milch
Salz
nach Belieben 1 – 2 Eier
50 g gesalzene Butter

Grütze

Hafermehl mit Milch und Salz unter gelegentlichem Rühren zum Kochen bringen und etwa 10 – 12 Minuten köcheln lassen. Nach Belieben die Eier trennen, das Eigelb unter den Brei rühren und das steif geschlagene Eiweiß unterheben. In die Mitte ein Stück frische gesalzene Butter geben.

Eine weitere Grütze aus 200 g Buchweizenmehl, gut 1 1/4 Liter Wasser und etwa 60 – 70 g Zucker kann ebenfalls mit Ei oder Butter verfeinert werden. Mancherorts werden auch Rosinen mit hineingegeben.

Galettes et crêpes (recette de base)

250 g Buchweizenmehl
1 EL grobes, möglichst ungebleichtes
Meersalz, 1 Ei
1 EL Erdnuß- oder Sonnenblumenöl
knapp 3/4 Liter Wasser
Öl, Butter oder Schmalz zum Braten.
Die Hälfte des Wassers kann durch
herben Cidre ersetzt werden

Variante
125 g Buchweizenmehl
125 g Weizenmehl, grobes Meersalz.
3 Eier, Wasser.
Ein Teil des Wassers kann durch
Milch, Bier oder Cidre ersetzt werden.

Für die süßen Crêpes zusätzlich etwa
50 g Zucker und 2 – 3 EL Lambig
oder Calvados, Rum, Chouchen oder
1 – 2 TL Orangenblütenwasser oder
statt dessen Vanille, Anis oder
abgeriebene Zitronenschale einer
unbehandelten Zitrone

Galettes und Crêpes
Teigherstellung und Backen

Die Bretagne ist die Hochburg der Galettes und Crêpes. Nirgendwo sonst findet man so viele Crêperien. Bei unserem Bummel durch die alten Gassen von Rennes, der Hauptstadt der Bretagne, wurden wir durch verführerische Düfte angelockt. Sie führten uns in die rue St. Georges, in eine der Crêperien, in denen man es versteht, diese hauchdünnen Gebilde nach alt überlieferter Art auf einfachen runden Eisenplatten zu backen. An einem bunt gedeckten Tisch vor der Tür ließen wir uns nieder und hatten nun die Qual der Wahl wegen der Vielzahl leckerer Varianten. Wir entschieden uns für *galettes du recteur* – aus Buchweizenmehl – gefüllt mit der pikanten *andouille*. Ein Glas prickelnder Cidre löschte den Durst.

Das Mehl in eine Schüssel geben. In die Mitte eine Vertiefung drücken. Salz, Ei und Öl hineingeben, verrühren. Nach und nach das Wasser dazugießen und zu einem geschmeidigen Teig verarbeiten (mindestens 6 – 8 Minuten). Den Teig 2 Stunden ruhen lassen.

Die heiße Pfanne oder Eisenplatte einfetten. Den Teig mit einem kleinen Schöpflöffel auf die linke Seite der Platte geben. Mit dem Teigschieber verteilen mit einer gleichmäßig drehenden Bewegung ohne fest aufzudrücken. Wenn der Teigrand beginnt fest zu werden, welches man mit dem Wender oder Pfannenmesser prüfen kann, muß der Pfannkuchen gewendet werden. Anschließend füllen, von vier Seiten zusammenschlagen und sofort servieren. Wenn die

Pfannkuchen nicht sofort gegessen werden sollten, legt man sie flach übereinander auf ein ausgebreitetes Küchentuch. Zwischen süße Pfannkuchen streut man etwas Zucker, damit sie nicht zusammenkleben.

Weitere Teige:
ausreichend für 16 kleine Crêpes als Desserts.
Den Teig 3 – 4 Stunden ruhen lassen, dann erst verarbeiten.

Diese Variante ergibt etwa 20 – 25 kleine Crêpes als Vorspeise.

Häufig wird auch anstelle der gesalzenen Butter Schokoladen- oder Kaffeebutter verwendet. Dazu wird 250 g weiche Butter mit 8 Eßlöffel geraspelter Schokolade vermischt oder Kakao mit Zucker unter die Butter geknetet. Zur Kaffeebutter wird sehr fein gemahlener Kaffee unter die Butter gemischt. Nach Belieben können auch 1 oder 2 Eßlöffel Cognac mitverwendet werden.

Variante
250 g Weizenmehl
1 Prise Salz, 2 Eier, 100 g Zucker
40 g zerlassene Butter, Rum, Milch

4 Eier, 75 g Weizenmehl
50 g flüsige Butter, 50 g Erdnußöl
je 1 Messerspitze Salz und Zucker
$^1/_2$ Liter Milch

Variante
2 Eier, 1 – 2 Eigelb
125 g Mehl
1 Messerspitze Salz
2 EL Bier für pikante Pfannkuchen
oder 1 EL Orangenblütenwasser
für süße Pfannkuchen
Milch und Wasser zu je $^1/_2$

Pfannkuchen des Pfarrers

Dieses Rezept stammt aus der Niederbretagne.
Den Pfannkuchen mit Butter und Senf bestreichen. Die Andouille von der Pelle befreien und auf die Pfannkuchen legen. Zusammenfalten und servieren.

La galette du recteur

Butter
Senf
Andouille (Kaldaunenwurst)

Pfannkuchen mit geräucherter Forelle

Die Forellen häuten und entgräten. Den Pfannkuchen mit bretonischer Butter bestreichen und das Forellenfilet auf den Pfannkuchen legen. Wie gewohnt zusammenfalten.

Galette à la truite fumée

1 – 2 Forellen
50 – 60 g bretonische Kräuterbutter
(siehe Seite 124)

Galettes à la mousse de morue

Pfannkuchen mit Stockfischpüree

4 Pfannkuchen backen, mit Stockfischpüree füllen (siehe Seite 73) und zusammenschlagen oder auch rollen.

Galettes à la quiberonnaise

50 g bretonische Kräuterbutter
(siehe Seite 124)
300 g frisch gekochte ausgelöste
Miesmuscheln (siehe Seite 67)
Fenchelkraut

Pfannkuchen auf Quiberoner Art

Den Pfannkuchen mit bretonischer Butter bestreichen. Die Muscheln daraufgeben und die Pfannkuchen zusammenfalten. Mit wildwachsendem Fenchelkraut garniert servieren.

Crêpes aux fruits de mer

Pfannkuchen mit Meeresfrüchten

Helle Grundsauce (siehe Seite 125) mit Fischbrühe, Wein und Sahne zubereiten. Hierbei darauf achten, daß die Sauce dickflüssiger wird. (Etwas weniger Brühe nehmen). Die ausgelösten Meeresfrüchte wie zum Beispiel Mies- oder Venusmuscheln, Jakobsmuscheln, Garnelen, Krebsfleisch oder auch Fischreste in die Sauce geben, kurz ziehen lassen und abschmecken. Auf die Crêpes verteilen und zusammenfalten. Mit Kerbel, Dill, Estragon oder wildwachsendem Fenchelgrün garnieren.

La Galette à l'oeuf

Für 1 Person
1 Ei
Salz
Pfeffer
20 g Butter

Pfannkuchen mit Ei

Wie schon beschrieben, den Teig auf die eingefettete Platte streichen. Wenn der Rand sich löst, den Pfannkuchen wenden und in die Mitte das aufgeschlagene Ei geben. Das Eiweiß wird etwas verteilt. Mit Salz und etwas Pfeffer bestreuen, die Butter zerlaufen lassen. Den Pfannkuchen von vier Seiten umschlagen. Auf einem vorgewärmten Teller servieren. Nach Belieben mit einem Butterröllchen versehen.

Galettes aux tomates
à la bretonne

2 Zwiebeln, 1 Knoblauchzehe
4 Tomaten, 25 g Butter
1 Zweig Thymian, einige EL Cidre
1 Zweig Kerbel

Crêpes du «Johnny»
de Roscoff

3 – 4 Zwiebeln
2 EL Butter
6 EL Muscadet, Salz
frisch gemahlener Pfeffer
Butter zum Garnieren

Variante
4 Tomaten
120 g Champignons
2 EL Butter oder Öl
1 Knoblauchzehe
Salz, Pfeffer
Crème fraîche
1 Bund Schnittlauch

Pfannkuchen mit Tomaten nach bretonischer Art

Die Zwiebeln fein würfeln und die Knoblauchzehe zerdrücken. Die Tomaten überbrühen, häuten, grob entkernen und hacken. Die Butter in einer Pfanne zerlaufen lassen. Die Zwiebeln goldgelb dünsten. Den Knoblauch, die Tomaten und den Thymianzweig zugeben. Mit Cidre ablöschen und verkochen lassen. Auf die Pfannkuchen geben, zusammenfalten. Mit Kerbel garniert servieren.

Pfannkuchen vom „Johnny" aus Roscoff

Als wir durch das alte Fischerstädtchen Roscoff schlenderten, fiel uns ein eigenartiger Straßenname auf – „rue de Johnnies". Jeder, außer uns, schien zu wissen, was es damit auf sich hat. Gemeint sind die Zwiebelhändler, die jedes Jahr nach England fahren, um mit ihrer frühen Zwiebelernte gute Geschäfte zu machen. Einmal mehr zeigt das die Verbindung der Bretonen zur ursprünglichen Heimatinsel.

Die Zwiebeln hacken. Die Butter erhitzen und die Zwiebeln darin goldgelb braten. Mit Muscadet ablöschen, salzen und pfeffern. Die Pfannkuchen mit Butter bestreichen. Zwiebeln in die Mitte geben. Zusammenschlagen und mit Butter garnieren.

Zusätzlich zu dem vorstehenden Rezept Tomaten überbrühen, häuten und in dicke Scheiben schneiden. Champignons putzen und halbieren. In einer Pfanne Butter oder Öl erhitzen. Die Tomaten mit einer zerdrückten Knoblauchzehe hineingeben, salzen und pfeffern. Die Champignons zufügen, Crème fraîche unterrühren und alles zu den Zwiebeln auf die Pfannkuchen geben. Mit Schnittlauchröllchen bestreuen.

Pfannkuchen mit Kaviar

Schalotten und Petersilie sehr fein hacken. Kaviar und etwas Butter vermischen. Buchweizenpfannkuchen mit der Kaviarmischung bestreichen, Schalotten und Petersilie zufügen und zusammenschlagen. Man kann auch bretonischen Kaviar, Haviorig, dazu nehmen, den man in Feinkost- und Fischgeschäften findet.

Galettes au caviar

Schalotten, Petersilie
2 TL Kaviar pro Pfannkuchen
1 EL Butter

Chipottouses

Eine Besonderheit sind die *Chipottouses*, kleine Galettes, die gern zum Aperitif genommen werden. Dazu werden Buchweizengalettes gebacken und Würstchen darin eingerollt. In möglichst gleich große Happen schneiden und mit Zahnstochern feststecken. Sehr gern werden vorher die Galettes hauchdünn mit Senf eingestrichen.

Chipottouses

Kleine Würstchen
Senf

Pfannkuchen mit Äpfeln

Die Äpfel schälen, entkernen und in kleine Stücke schneiden. Die Butter mit Zucker in einer Pfanne erhitzen. Die Äpfel zugeben und unter Rühren leicht braten. Mit Calvados flambieren. Vier Pfannkuchen damit füllen, zusammenfalten und auf vorgewärmten Tellern servieren.

Galettes aux pommes

4 mittelgroße säuerliche Äpfel
2 EL Butter
4 EL brauner Zucker
2 – 3 EL Calvados

Pfannkuchen mit Erdbeeren

Dazu werden die Erdbeeren halbiert oder geviertelt. Mit Zucker bestreuen und mit Liqueur de Plougastel oder Grand Marnier aromatisieren, mit geschlagener Sahne vermischen und auf die Pfannkuchen geben. Wie üblich zusammenschlagen.

Crêpes aux fraises

Erdbeeren, Zucker
Liqueur de Plougastel oder
Grand Marnier
Schlagsahne

Pfannkuchen mit Konfitüre

Pfannkuchen mit Butter bestreichen, Konfitüre in die Mitte geben, zusammenschlagen und servieren.

Crêpes à la confiture

Butter
Konfitüre

Crêpes Duchesse Anne

Honig
säuerliche Äpfel
Zimt

Crêpes au chocolat

Butter, geraspelte Schokolade
Cognac

Crêpes à la banane

Rosinen
Bananen
Rum

Crêpes Duchesse Anne

Die Crêpes werden mit Honig bestrichen. Zusätzlich kommen in Scheiben geschnittene, leicht gedünstete säuerliche Äpfel hinzu. Nach Belieben mit Zimt bestreuen.

Pfannkuchen mit Schokolade

Pfannkuchen mit Butter bestreichen, mit geraspelter Schokolade versehen. Nach Belieben mit Cognac flambieren.

Pfannkuchen mit Bananen

Rosinen und in Scheiben geschnittene Bananen in Rum einlegen. Pfannkuchen damit belegen und zusammenfalten. Nach Belieben flambieren.

Vorspeisen – Salate – kleine Gerichte

Galettes sind zwar einfach in der Zubereitung, aber brauchen dennoch ihre
Zeit. Wer die nicht hat, mag es so halten wie unser Fischer aus Concarneau, den
wir auf einer Fischauktion beobachteten. Zwischen zwei Verkaufsgesprächen
orderte er schnell in einem kleinen Restaurant nebenan auf bretonisch ein
Omelett, das dann auch bretonisch ausfiel.

Omelett des Fischers von Concarneau

Die Sardinen schuppen. Die Flossen abschneiden bis auf die Schwanzflossen.
Die Sardinen ausnehmen, waschen und trockentupfen. Mit Öl bestreichen,
salzen und pfeffern. Entweder 2 – 3 Minuten pro Seite grillen oder in Butter
braten. Das Fischfleisch etwas zerpflücken. Die Zwiebel hacken. Die Eier mit
einem Schneebesen gut verquirlen. Die Butter zerlaufen lassen und die Zwiebel
andünsten. Eimasse und Sardinen zufügen und stocken lassen. Mit Schnittlauch
bestreut in der Pfanne servieren.

Omelette du vieux pêcheur de Concarneau

4 Sardinen, 3 EL Öl, Salz
frisch gemahlener weißer Pfeffer
nach Belieben 2 EL Butter zum
Braten der Sardinen
1 Zwiebel, 8 Eier, 50 g Butter
2 EL Schnittlauchröllchen

Garnelen in Cidre

Cidre mit 1/2 Liter Wasser in einen Topf gießen. Kräuterbündel hineingeben
und aufkochen. Die Garnelen zufügen, salzen und pfeffern. 4 – 5 Minuten
köcheln lassen. Den Sud abgießen und die Garnelen abtropfen lassen. Mit
Brot, gesalzener Butter und gut gekühltem Cidre servieren.

Crevettes au cidre

3/4 Liter trockener Cidre
1 Kräuterbündel bestehend aus:
3 Zweige Petersilie, 2 Zweige
Thymian, 1 kleines Lorbeerblatt
1 kg Garnelen, Salz
frisch gemahlener weißer Pfeffer

Oeufs à la mode du pêcheur

Für 6 Personen
1,5 kg Miesmuscheln
3 Schalotten
1 Möhre
1 Stange Bleichsellerie
1 Knoblauchzehe
50 g Butter
1 Kräuterbündel bestehend aus:
1 Thymianzweig, 1 Lorbeerblatt,
2 Petersilienstengel
knapp 1/2 Liter trockener Weißwein
1/4 Liter Sahne
frisch gemahlener schwarzer Pfeffer
20 g Mehl
1/2 Bund glatte Petersilie
2 EL Essig
6 Eier
6 Scheiben Baguette

Eier nach Art der Fischer

Die Muscheln mehrfach unter fließendem Wasser waschen und abbürsten, Bärte entfernen. Offene Muscheln wegwerfen. Die Schalotten sehr fein würfeln. Möhre und Bleichsellerie in dünne Scheiben schneiden, Knoblauch hacken. Die Hälfte der Butter in einem großen Topf erhitzen. Schalotten, Möhre und Bleichsellerie darin andünsten. Knoblauch zugeben, unter Rühren 1–2 Minuten weiterdünsten. Die Muscheln mit dem Kräuterbündel hineingeben, mit Wein und Sahne begießen und pfeffern. Zugedeckt etwa 6–8 Minuten köcheln lassen, bis sich die Muscheln öffnen. Die Muscheln 1–2 mal durchschütteln. Muscheln, die sich nicht geöffnet haben, wegwerfen. Das Muschelfleisch aus den Schalen nehmen. Das Kräuterbündel entfernen. Mehl und restliche Butter verkneten und in die Muschelbrühe geben. 5 Minuten köcheln lassen. Die Muscheln hineingeben und kurz erhitzen. Die Petersilie hacken und zufügen.

In einem gesonderten Topf Wasser kochen. Den Essig hineingießen und die aufgeschlagenen Eier vorsichtig mit einer Kelle einzeln ins Wasser gleiten lassen. Die Eier etwa 3 Minuten pochieren. Zwischenzeitlich das Brot rösten. Portionsweise auf Tellern anrichten: Eine geröstete Brotscheibe, darauf die pochierten Eier legen und mit der Muschelsauce überziehen.

Salade de pommes de terre et pommes aux huîtres

500 g festkochende neue kleine
Kartoffeln, 16–20 Austern
2 Schalotten
1 zarte Stange Bleichsellerie
1 kleiner mürber Apfel
1 EL Zitronensaft
1–2 Zweige Kerbel
1 Zweig Estragon, 1 Zweig Petersilie
1 EL Apfelessig
3–4 EL Erdnuß- oder
Sonnenblumenöl, Salz
frisch gemahlener weißer Pfeffer

Kartoffel-Apfelsalat mit Austern

Die Kartoffeln waschen und in der Schale, je nach Größe, etwa 20 Minuten kochen. Zwischenzeitlich die Austern öffnen (siehe Seite 25). Das Austernwasser auffangen. Die Schalotten fein würfeln. Die Bleichselleriestange und den Apfel in sehr dünne Scheiben schneiden. Die Apfelscheiben mit Zitronensaft beträufeln, um ein Braunwerden zu vermeiden. Die Kräuter von den Stielen zupfen und hacken.

Das Austernwasser mit Apfelessig und Schalotten in einen Topf geben. Die Austern zufügen und eine knappe Minute köcheln lassen. Die Kartoffeln pellen, warm in Scheiben schneiden und in eine Schüssel geben. Den Bleichsellerie und die Apfelscheiben zufügen, die Austern darauf anrichten. Das Öl zu der Austernflüssigkeit geben, mit Salz und Pfeffer abschmecken. Warm über die Kartoffeln gießen. Mit den gehackten Kräutern bestreuen und sofort servieren.

Salade de langouste bretonne

Für den Sud
1/8 Liter Cidre-Essig, Salz, 2 Möhren
2 Zwiebeln, 1 Lorbeerblatt
5 weiße und 5 schwarze Pfefferkörner
3 Zweige glatte Petersilie

1 Languste von etwa 1 – 1,2 kg

200 g Queller, 1/8 Liter Muscadet
100 g Löwenzahn

Für die Vinaigrette
1 Schalotte, 2 EL Cidre-Essig
Salz, frisch gemahlener weißer Pfeffer
1 TL Senf, 5 EL Walnußöl

Langusten-Salat

Die Zutaten für den Sud mit 3 1/2 Liter Wasser im Fischtopf 30 Minuten köcheln lassen. Die Languste hineingeben und 20 Minuten kochen. Nach dem Auskühlen ausbrechen und in Scheiben schneiden. Währenddessen Queller (französisch *salicorne,* eine Salzpflanze, die an der Nordsee und an der französischen Atlantikküste geerntet wird) verlesen und waschen. 1/2 Liter Wasser mit Wein zum Kochen bringen. Queller hineingeben, etwa 4 Minuten köcheln und dann erkalten lassen. Löwenzahn waschen und etwas zerkleinern.
Für die Vinaigrette die Schalotte sehr fein schneiden. Essig mit Salz, Pfeffer und Senf verrühren. Walnußöl tropfenweise zugeben.
Löwenzahn und Queller auf einem Teller anrichten. Mit der Vinaigrette übergießen. Langustenscheiben schön anordnen.
Man kann statt dessen auch eine Mayonnaise aus 2 Eigelb, Salz, frisch gemahlenem weißen Pfeffer, Weißweinessig, Senf und Olivenöl rühren und dazugeben (Zubereitung siehe Seite 63).

Terrine bretonne

2 Zwiebeln, 1 Bund Petersilie
600 g Schweineleber
600 g mageres Schweinefleisch
(Schulter)
400 g frischer Schweinespeck
100 g gekochter Schinken
2 EL Schnittlauchröllchen
1 Ei, 2 EL Sahne, 4 – 5 EL Muscadet
1 – 2 EL Mehl, 1/2 TL Pastetengewürz
1/4 – 1/2 TL Piment, 1 EL Meersalz
frisch gemahlener schwarzer Pfeffer
200 g frischer, fetter, gesalzener Speck,
in dünne Scheiben geschnitten, zum
Auslegen der Terrine
1 Zweig Thymian, 1 Lorbeerblatt

Bretonische Terrine

Die Zwiebeln fein würfeln. Die Petersilie hacken. Die Leber grob hacken. Den frischen Schweinespeck und das Schweinefleisch durch den Fleischwolf drehen und den Schinken würfeln. Alle diese Zutaten mit Schnittlauchröllchen in eine große Schüssel geben. Ei, Sahne, Muscadet und Mehl zufügen und würzen.
Eine feuerfeste Form (Terrine) mit den dünnen Speckscheiben auslegen. Die Fleischmasse einfüllen und glattstreichen, dabei etwas fest andrücken. Speckscheiben darüber schlagen, Thymianzweig und Lorbeerblatt darauf legen und mit Alufolie und Deckel schließen. Die Terrine im vorgeheizten Backofen bei 175 °C im Wasserbad etwa 2 Stunden garen. Die Terrine anschließend beschweren und etwa 24 Stunden gut gekühlt stehen lassen.

Fischterrine

Die Schalotte fein schneiden. $1/8$ Liter Wasser mit Weißwein, Cidre-Essig, Salz, zerdrückten Pfefferkörnern und Lorbeerblatt aufkochen. Wittlingfilet etwa 6–10 Minuten darin köcheln lassen. Das Filet herausnehmen. Währenddessen die Garflüssigkeit reduzieren. Den Fisch mit der Reduktion durch ein Sieb streichen oder pürieren und mit Crème fraîche verrühren. Mit Salz, Pfeffer und Zitronensaft abschmecken. Schnittlauchröllchen zufügen und in eine Terrinenform füllen. 24 Stunden kalt stellen. Mit Bauernbrot essen.

Rillettes de poisson

1 Schalotte
$1/8$ Liter trockener Weißwein
2 EL Cidre-Essig, Salz
2–3 zerdrückte Pfefferkörner
1 Lorbeerblatt
600 g Filet vom Wittling
300 g Crème fraîche
frisch gemahlener weißer Pfeffer
1–2 EL Zitronensaft
2–3 EL Schnittlauchröllchen

Quiche des Fischers

Die Zutaten für den Teig verkneten und mindestens 2 Stunden kalt stellen. Anschließend ausrollen und in eine runde, gut eingefettete Quicheform geben. Den Teig mehrfach mit der Gabel einstechen. In den auf 220 °C vorgeheizten Backofen für 13–15 Minuten geben.
Zwischenzeitlich die Muscheln wie auf Seite 67 beschrieben kochen und aus den Schalen nehmen. Algen in einigen Eßlöffeln Muschelbrühe einweichen. Lachs- und Seeteufelfilet in Stücke schneiden. Mit Crème fraîche, Sahne, Eiern und Algen vermischen. Mit Salz und Pfeffer würzen. Den gehackten Dill unterziehen. Sorgfältig auf den Teig verteilen und in den auf 220 °C vorgeheizten Backofen 30 Minuten backen.

Quiche du pêcheur

Für 8 Personen als Vorspeise oder 6 Personen als Imbiß

Für den Teig
200 g Mehl
100 g gesalzene Butter, 1 Eigelb
etwa 50 ml kaltes Wasser
Butter für die Form

Für den Belag
200 g frisch gekochte Muscheln
(etwa 700 g mit Schalen)
2 EL getrocknete Algen
200 g Lachsfilet, 200 g Seeteufelfilet
200 g Crème fraîche, $1/8$ Liter Sahne
4 Eier, Salz
frisch gemahlener weißer Pfeffer
1 Bund Dill

Coquilles Saint-Jacques au safran

Jakobsmuscheln in Safran

Nachdem vor über tausend Jahren das angebliche Grab des Apostels und Märtyrers Jakobus in Nordspanien entdeckt wurde, avancierte der ursprünglich kleine Ort Compostela zu einem berühmten Wallfahrtsort. Den Pilgern dienten die in der Nähe reichlich gefangenen Muscheln nicht nur als Nahrung, ihre Schalen waren zudem noch vielfältig zu gebrauchen. So gab der heilige Jakobus, der zum Schutzpatron der Fischer erhoben wurde, den Muscheln seinen Namen.

Diese zählen zu den begehrtesten Schaltieren. Frisch gefangen in der Zeit von November bis März schmecken sie am besten. Der orangefarbene Rogensack *corail* und das cremig-weiße Fleisch des Schließmuskels, auch Nüßchen genannt, sind dann eine besondere Delikatesse. Beim Einkauf ist darauf zu achten, daß die Muscheln geschlossen und wirklich frisch sind. Andernfalls sollte man lieber auf Tiefkühlware ausweichen.

12 Jakobsmuscheln in der Schale
(ersatzweise Tiefkühlware)
2 Schalotten
1 Knoblauchzehe
40 g gesalzene Butter
2 EL Paniermehl
1/8 Liter Fischfond
1 kleines Glas Muscadet
1/8 Liter Sahne
2 Messerspitzen Safran
1/2 Bund glatte Petersilie
Salz
frisch gemahlener weißer Pfeffer

Auch für Ungeübte ist es nicht schwer, Jakobsmuscheln vorzubereiten. Dazu werden sie zunächst für einige Stunden in Salzwasser gelegt, damit der mit der Nahrung aufgenommene Sand ausgeschieden wird. Zum Öffnen nimmt man die gut gewaschenen Muscheln (flache Schalenhälfte nach oben) zwischen ein Küchentuch fest in die linke Hand, schiebt ein kurzes Messer zwischen die Schalen und durchtrennt den Muskel. Danach hebt man die obere Schale ab und löst den grauen Außenrand des Fleisches von der unteren Schale. Nüßchen und den orangefarbenen Rogensack herausnehmen und den grauen Rand vom weißen Fleisch abziehen. Den Rogen vorsichtig vom Muskelfleisch trennen. Nüßchen flach halbieren. Die Schalotten fein würfeln. Die Knoblauchzehe zerdrücken. Die Butter erhitzen. Schalotten zufügen und glasig schwitzen. Knoblauch und Paniermehl zufügen. Mit Fischfond und Weißwein ablöschen. 5 Minuten durchkochen lassen. Sahne und Safran zugeben, sämig einkochen. Mit gehackter Petersilie bestreuen. Salzen und pfeffern. Nüßchen und Rogen in die Sauce geben. 2 Minuten köcheln lassen und servieren.

Variante
Muskatblüte (Macis)
geriebener Käse

Je 3 rohe Jakobsmuscheln mit je 1 TL feingehackten Schalottenwürfeln in tiefe, gesäuberte, mit Butter ausgestrichene Jakobsmuschelschalen geben. Mit Salz, frisch gemahlenem weißen Pfeffer und Muskatblüte (Macis) würzen. Mit Paniermehl und geriebenem Käse bestreuen und Butterflöckchen belegen. Im Backofen bei 180 °C etwa 10 – 12 Minuten backen.

Coquilles Saint-Jacques au caviar

12 Jakobsmuscheln
30 g Butter
Kaviar
Kerbelblättchen

Jakobsmuscheln mit Kaviar

Die vorbereiteten Jakobsmuscheln ohne orangefarbenem *corail* (Rogensack) waagerecht halbieren. Die Butter zerlaufen lassen. Die Nüßchen zugeben und 2 Minuten dünsten. Nach 1 Minute den Rogen zufügen. Nüßchen und Rogen in gut gesäuberte tiefe Jakobsmuschelschalen geben. Mit 1/4 Liter warmer weißer Buttersauce (siehe Seite 125) nappieren und mit Kaviar und einem kleinen Kerbelblättchen garnieren. Sofort servieren.

Coquilles Saint-Jacques à la bretonne

Für 6 Personen
500 g Mieschmuscheln
500 g Herzmuscheln
1/4 Liter trockener Weißwein
(Muscadet)
6 große schöne Jakobsmuscheln
in der Schale
3 Schalotten, 1 Knoblauchzehe
1/2 Bund glatte Petersilie
Salz
frisch gemahlener weißer Pfeffer
6 EL Paniermehl
40 g gesalzene Butter und
20 g Butter als Flöckchen

Jakobsmuscheln auf bretonische Art

Die Mies- und Herzmuscheln gründlich waschen und putzen. 1 Liter Wasser mit der Hälfte des Weißweins zum Kochen bringen. Mies- und Herzmuscheln hineingeben und im geschlossenen Topf so lange kochen, bis sie sich öffnen. Nach dem Kochen noch geschlossene Muscheln wegwerfen. Mit einem spitzen kurzen Messer den Muskel der Jakobsmuscheln durchtrennen. Das Muschelfleisch mit Rogen vorsichtig waschen und trocken tupfen. Alle Muscheln kleinhacken. Schalotten sehr fein würfeln. Knoblauch und Petersilie hacken. In eine Schüssel das Muschelfleisch, Schalotte, Knoblauch und Petersilie geben. Mit 1/4 Liter Muschelbrühe übergießen, salzen, pfeffern und 1/2 Stunde durchziehen lassen. Restlichen Weißwein über 4 Eßlöffel Paniermehl gießen, ebenfalls durchziehen lassen. Alles zusammen vermischen und abschmecken. Die Butter erhitzen, die Mischung hineingeben und kurz durchbraten. Jakobsmuschelschalen mit dem Muschelfleisch füllen und mit dem restlichen Paniermehl bestreuen. Mit Butterflöckchen belegen und im vorgeheizten Backofen bei mittlerer Hitze etwa 5 Minuten überbacken. Mit Baguette und einem gut gekühlten Muscadet zu Tisch geben.

Artischocken mit Vinaigrette

Die Artischocken am Stiel anfassen und mehrfach in warmes Wasser tauchen. Den Stiel der Artischocken unter dem Stielansatz abbrechen. Die untersten Blätter um den Stielansatz abnehmen. Die Spitzen der übrigen Blätter gerade schneiden beziehungsweise um 1/3 kürzen. Die Artischocken in kochendes Salzwasser unter Hinzugabe von 2 EL Zitrone und 2 EL Öl etwa 20 Minuten köcheln lassen. Damit die Artischocken im Wasser bleiben und nicht an die Oberfläche kommen, kann man einen kleineren Deckel auflegen. Sie sind gar, wenn sich die Blätter leicht herausziehen lassen. Nach dem Herausnehmen umgekehrt abtropfen lassen. Die inneren Blätter herausnehmen, das Heu entfernen.
Für die Sauce Essig mit Salz und Pfeffer verrühren. Das Öl unter Rühren zugießen. Die Schalotten sehr fein schneiden und mit den Kräutern zugeben. Zu den Artischocken servieren.

Artichauts à la vinaigrette

8 Artischocken mittlerer Größe
Salz
2 EL Zitronensaft
2 EL Öl

Für die Sauce
2 EL Weißwein- oder Cidre-Essig
Salz, frisch gemahlener weißer Pfeffer
6 EL Öl
1 Schalotte
2 EL fein gehackte, gemischte Kräuter wie Estragon, Kerbel, Schnittlauch, Petersilie

Artischocken in Cidre

Die Artischocken wie auf Seite 21 beschrieben vorbereiten. Nach dem Stutzen der Blätter die Artischocken vierteln. Schnittstellen mit Zitronensaft beträufeln. Die Schalotten und die Gemüse sehr fein würfeln. Die Butter erhitzen und die Schalotten darin andünsten. Das Wurzelgemüse und die Artischocken zugeben, salzen und pfeffern. 10 Minuten unter Rühren dünsten. Cidre zugießen und weitere 30–40 Minuten köcheln lassen. Die von dem Stiel gezupften Estragonblättchen zugeben.

Artichauts au cidre

4–6 Artischocken, je nach Größe
1 Zitrone, 2 Schalotten, 1 Möhre
1 Stück Knollensellerie
1/2 Stange Lauch
40 g gesalzene Butter, Salz
frisch gemahlener weißer Pfeffer
etwa 1/2 Liter Cidre
1 Zweig Estragon

Palourdes farcies

Für die Kräuterbutter
1 Schalotte
2 Knoblauchzehen
1/2 Bund glatte Petersilie
100 g gesalzene Butter
Salz
frisch gemahlener Pfeffer

Für das Kochen der Muscheln
1 Zwiebel
1 Knoblauchzehe
40 – 48 Teppichmuscheln
1/4 Liter Muscadet
1 1/2 EL Paniermehl
1 1/2 EL gemahlene Mandeln

Variante
2 Schalotten, 2 Knoblauchzehen
200 g gesalzene Butter
2 EL gehackte Petersilie
4 EL Muscadet
2 – 3 EL frische Brotkrume, Salz
frisch gemahlener weißer Pfeffer
4 Dutzend große Teppichmuscheln

Gefüllte Teppichmuscheln

Teppichmuscheln gehören zur Familie der Venusmuscheln. Die Bretonen halten sie für die schmackhaftesten, sie werden auch oft roh gegessen.

Die Schalotte sehr fein würfeln, Knoblauchzehen und Petersilie hacken. Mit der weichen Butter verkneten, salzen und pfeffern.
Für das Kochen der Muscheln die Zwiebel würfeln und die Knoblauchzehe zerdrücken. Die Teppichmuscheln säubern und zusammen mit Zwiebel, Knoblauchzehe und Wein in einen Topf geben. Zugedeckt etwa 4 – 5 Minuten köcheln lassen, dabei ein bis zweimal durchheben. Wenn sie sich geöffnet haben (geschlossene wegwerfen) die Schalenhälften mit dem Muschelfleisch in eine feuerfeste flache Auflaufform legen. Die Kräuterbutter auf das Muschelfleisch geben. Paniermehl mit Mandelmehl vermischen. Die Muschelhälften damit bedecken und bei 220 °C für 8 – 10 Minuten in den vorgeheizten Backofen stellen.

Die Schalotten sehr fein hacken und die Knoblauchzehen zerdrücken. Zusammen mit Butter und Petersilie verkneten. Muscadet und Brotkrume zugeben. Mit wenig Salz (die Butter ist schon gesalzen) und Pfeffer abschmecken. Die Muscheln waagerecht halten und mittels eines kräftigen, breiten Messers mit einer drehenden Bewegung öffnen. Der untere Muschelteil, in dem das Muschelfleisch ist, mit der Füllmasse bedecken und in eine Auflaufform geben. Im 180 °C vorgeheizten Backofen etwa 7 – 10 Minuten überbacken.

Maquereaux marinés

8 kleine Makrelen
1 unbehandelte Zitrone
Salz, 1 Zwiebel, 1 Möhre
1/2 kleine Fenchelknolle mit Kraut
gut 1/2 Liter trockener Weißwein
1 – 2 EL Weißweinessig
1 Nelke
1 Lorbeerblatt
8 schwarze Pfefferkörner
1 Messerspitze Chili

Marinierte Makrelen

Die Makrelen waschen, trockentupfen, mit dem Saft einer halben Zitrone beträufeln und salzen. Die Gemüse putzen. Zwiebel in Ringe, Möhre, Fenchel und die restliche Zitronenhälfte in dünne Scheiben schneiden. Das Fenchelkraut hacken und abgedeckt beiseite legen. Den Wein mit Essig, Gemüsen und Gewürzen in einen Topf geben und 10 – 12 Minuten kochen lassen. Die Fische dazugeben und je nach Größe der Fische 5 – 8 Minuten köcheln lassen. Die Fische in eine schöne ovale Form geben, in der das Gericht auch serviert werden kann. Den Sud noch etwas einkochen lassen. Gemüse und Zitronenscheiben um den Fisch herum verteilen. Mit Fenchelkraut garnieren. Den Sud abschmecken. Durch ein Sieb über den Fisch gießen. Nach dem Abkühlen noch einen Tag gut gekühlt durchziehen lassen, ehe der Fisch kalt gegessen wird.

Tarte de cresson

Für den Teig
100 g Buchweizenmehl
120 g Weizenmehl, 1 Ei, 1 Eigelb
100 g gesalzene Butter und Butter
für die Form, Salz
etwa 50 ml kaltes Wasser

225 g Kresse, 120 g Käse (Petit Breton)
1/4 Liter Sahne, 5 Eier, Salz
frisch gemahlener weißer Pfeffer
abgeriebene Muskatnuß

Kressekuchen

Beide Mehlarten auf ein Backbrett häufen. In die Mitte eine Vertiefung drücken. Ei und Eigelb in die Mulde geben. Die kalte Butter in Stücken mit wenig Salz auf das Mehl geben. Alle Zutaten schnell miteinander verkneten. Nach Bedarf Wasser zufügen. Anschließend den Teig mindestens 1 Stunde kühlstellen. Eine Form von etwa 26 cm Durchmesser einfetten. Den Teig ausrollen und in die Form geben. Einen Rand hochziehen und mehrfach mit einer Gabel einstechen. Etwa 15 – 18 Minuten bei 180 – 190 °C im vorgeheizten Backofen backen. Die Kresse waschen, von den Stielen zupfen und abtropfen lassen. Den Käse reiben. Die Kresse pürieren. Sahne, Eier und Käse zufügen. Mit Salz, Pfeffer und Muskatnuß würzen. Auf den Teig geben und diesen nochmals in den Backofen für 30 – 40 Minuten stellen. Warm auftragen.

Suppen – Eintöpfe

In alten Zeiten gehörte neben Haferbrei und Grütze eine wärmende und zugleich sättigende Suppe zur täglichen Ernährung. Wie verbreitet sie war, mag man wohl daran erkennen, daß sie in vielen Regionen dem Abendessen ihren Namen gegeben hat. Dort sagt man heute noch statt Abendessen, die Suppe essen – *souper*.

Ursprünglich bestand die Suppe oft nur aus einer Scheibe Brot, die mit Brühe übergossen wurde. Später gesellten sich aus den typischen Erzeugnissen bestimmter Gegenden andere schmackhafte Suppen hinzu, so in St. Malo die Blumenkohlsuppe, in Roscoff gewöhnlich eine Zwiebelsuppe, anderswo die sonst nicht so schnell wiederzufindende Kastaniensuppe.

In den Küstenregionen gaben die Meeresfrüchte den Ton an. Es sind uns viele leckere Suppen überliefert, so die Suppe Godaille (Seite 52) aus der Gegend um Lorient. Der Fischeintopf *cotriade* (Seite 55) entstand ursprünglich aus einem Gericht, das die Fischer aus dem Rest ihres Fanges in einem Topf kochten, bevor sie den Weg nach Hause antraten. Sie nannten ihn *koateriad*. Später entwickelte sich daraus ein Eintopf, der mit Kräutern und Gemüsen angereichert wurde. Zunächst wird die über geröstete Brotscheiben gegossene Brühe gelöffelt, Fische und Gemüse werden danach getrennt serviert.

La soupe Godaille

1 kg verschiedene Fische wie Barbe,
Kabeljau, Seeaal, Merlan, Knurrhahn
2 Zwiebeln, 1 Möhre, 1 Stange Lauch
4 Knoblauchzehen und 2 Zehen zum
Einreiben des Brotes
1 Bund glatte Petersilie
1 Bund Kerbel, 1 Bund Schnittlauch
50 g Butter, Salz
frisch gemahlener schwarzer Pfeffer
³/4 Liter Muscadet, 1 Lorbeerblatt
1 Thymianzweig, Cayennepfeffer
1 Messerspitze Piment
1 Messerspitze abgeriebene Muskatnuß
2 – 3 Messerspitzen Safran
2 Schalotten, 20 g Mehl, ¹/2 Zitrone
4 – 8 dünne Scheiben Baguette

Suppe Godaille

Den Fisch waschen, trockentupfen und in Stücke schneiden. Zwiebeln und Möhre würfeln, Lauch in Ringe schneiden. Knoblauch, Petersilie und Kerbel hacken, Schnittlauch in Röllchen schneiden. Die Hälfte der Butter erhitzen und die Zwiebeln glasig dünsten. Die anderen Gemüse und Kräuter zufügen und einige Minuten weiterdünsten, dann die Fische hineingeben. Kurz darin schwenken, salzen und pfeffern. Mit Muscadet und ¹/4 – ¹/2 Liter Wasser ablöschen. Lorbeerblatt und Thymianzweig zufügen sowie Cayennepfeffer, Piment, Muskatnuß und Safran. Zugedeckt etwa 50 – 60 Minuten kochen lassen und die Brühe anschließend passieren. Zwischenzeitlich die Schalotten sehr fein hacken. In einem Topf die restliche Butter erhitzen. Das Mehl einstreuen und durchschwitzen lassen. Mit der durchgeseihten Fischbrühe ablöschen, weitere 10 – 15 Minuten köcheln lassen. Abschmecken und noch etwas Zitronensaft zufügen. Währenddessen die Brotscheiben rösten und mit Knoblauch einreiben. In die Suppenschüssel oder direkt auf die Suppenteller die Brotscheiben geben und mit der Suppe übergießen.

Potage de moules au safran

Für die Muscheln
1 kg Miesmuscheln, 1 Zwiebel
¹/2 Liter Muscadet, 1 Knoblauchzehe
1 Zweig Thymian, 2 Zweige Petersilie
1 Lorbeerblatt, Salz
frisch gemahlener schwarzer Pfeffer

1 Möhre, 1 Stück Sellerieknolle
1 kleine Stange Lauch, 35 g Butter
20 g Mehl, Salz
frisch gemahlener weißer Pfeffer
2 Messerspitzen Safran
125 g Crème fraîche
1 EL Schnittlauchröllchen oder
1 – 2 EL gehackte glatte Petersilie

Miesmuschelsuppe mit Safran

Die Muscheln mehrfach waschen. Geöffnete wegwerfen. Die Zwiebel vierteln. Muscadet mit ¹/2 Liter Wasser, Zwiebel, Knoblauch, Thymian, Petersilie und Lorbeerblatt zum Kochen bringen. Salz und Pfeffer sowie die Muscheln zufügen. Etwa 5 – 6 Minuten mit geschlossenem Deckel kochen, bis sich die Muscheln geöffnet haben. Zwischendurch ein bis zweimal schütteln. Noch geschlossene Muscheln wegwerfen.
Währenddessen die Möhre schaben und den Sellerie schälen. Beides fein würfeln. Den Lauch gründlich waschen und in schmale Ringe schneiden. Die Butter erhitzen. Das Gemüse etwa 5 Minuten andünsten. Mit Mehl überstäuben und mit der durchgeseihten Muschelbrühe ablöschen, salzen, pfeffern und Safran zufügen. Einige Minuten durchkochen lassen. Crème fraîche zugeben und nochmals einige Minuten köcheln lassen. Die aus den Schalen gelösten Muscheln nochmals kurz zum Aufwärmen hineingeben. Mit Schnittlauch oder Petersilie bestreut servieren.

Soupe des pirates

1,2 kg Fisch wie Meeraal, Knurrhahn,
Makrele, Sardinen
1 Zitrone, Salz, 1 Zwiebel, 1 Möhre
1 Stück Knollensellerie
1 Stange Staudensellerie
1/2 Stange Lauch, 1 Petersilienwurzel
1 Fenchelzweig, 2 Zweige Petersilie
1 – 2 Zweige Thymian
1 Lorbeerblatt, 2 Nelken
1 Stück getrocknete Orangenschale
frisch gemahlener schwarzer Pfeffer
Cayennepfeffer
3 Messerspitzen Safran
abgeriebene Muskatnuß
4 Knoblauchzehen
gut 1/2 Liter Rotwein
2 Schalotten, 25 g gesalzene Butter
Brot für Croûtons
nach Belieben Rotweinessig

Piratensuppe

Die Fische ausnehmen, säubern, mit Zitronensaft beträufeln und salzen. Die Gemüse putzen und zerkleinern. Den Fisch mit Gemüsen, Gewürzen sowie 2 Knoblauchzehen in einen großen Topf geben. Mit Rotwein und 1/2 Liter Wasser begießen und etwa 40 – 50 Minuten kochen lassen, anschließend passieren.
Die Schalotten fein hacken und in der heißen Butter andünsten. Mit der durchgeseihten Fischbrühe ablöschen und nochmals 10 – 15 Minuten köcheln lassen. Das Brot rösten. Mit den restlichen Knoblauchzehen einreiben, in Bröckchen brechen und in die Suppenterrine oder in Teller geben. Die Fischsuppe gut und kräftig abschmecken. Eventuell mit Zitronensaft oder etwas Essig nachwürzen. Nach Belieben die Brühe nochmals durch ein Sieb direkt in die Suppenterrine füllen.

Soupe d'huîtres

Für 4 – 5 Personen
2 Schalotten, 1 Möhre
1/2 Lauchstange, 1 Kartoffel
50 g gesalzene Butter
3/4 Liter Fischfond
1/8 Liter Muscadet
1 Kräuterbündel bestehend aus:
2 Zweige Petersilie, 1 Zweig Thymian,
1 Zweig Sellerielaub, 1/2 Lorbeerblatt
20 Austern, 1/8 Liter Crème double
2 EL Crème fraîche
1 Eigelb, Salz
frisch gemahlener Pfeffer

Austernsuppe

Die Schalotten würfeln. Möhre und Lauch putzen und in Scheiben schneiden. Die Kartoffel schälen und ebenfalls kleinschneiden. Die Butter erhitzen. Die Schalotten andünsten, nach einigen Minuten die Gemüse zufügen und weiterdünsten. Mit dem Fischfond und Wein ablöschen. Kräuterbündel zugeben und 25 Minuten köcheln lassen. Die Austern öffnen. Das Austernwasser auffangen. In einen kleinen Topf geben und die Austern darin sehr kurz pochieren. Kräuterbündel entfernen. Das Gemüse pürieren, Crème double und Crème fraîche zufügen. Nochmals erhitzen und etwas einkochen lassen. Etwas Suppenflüssigkeit herausnehmen und mit dem Eigelb und der Pochierflüssigkeit verrühren, zurück in die Suppe geben, ebenso die Austern. Nicht mehr kochen lassen. Mit Salz und Pfeffer würzen und sofort servieren.

Fischeintopf aus der Bretagne

Die Fische säubern und in Stücke schneiden, mit Zitronensaft beträufeln und salzen. Die Zwiebeln würfeln, Knoblauchzehen zerdrücken und die Petersilie hacken. Karotte und Kartoffeln in Scheiben und die Lauchstange in Ringe schneiden. Die Butter erhitzen. Die Zwiebeln darin glasig dünsten. Lauch, Knoblauch, Petersilie, Karotte und Kartoffeln zufügen, 2 – 3 Minuten weiter dünsten. Mit Wein und 1 ¼ Liter Wasser ablöschen. Lorbeerblatt und Thymianzweige zufügen und 15 Minuten köcheln lassen. Nach und nach zuerst die festen Fische wie Seeteufel und Makrele, dann die weicheren Fische zufügen, salzen, pfeffern und bei niedriger Temperatur in etwa 15 Minuten garziehen lassen. Mit einem Schaumlöffel Fisch und Kartoffeln herausnehmen und auf eine vorgewärmte Platte geben. Die Brühe mit Gemüse durch ein Sieb streichen und so viel Brühe auf die Fischstücke geben, daß diese bedeckt sind. Die restliche Brühe in Suppentassen füllen. Dazu gibt es geröstete, mit Knoblauch eingeriebene Baguette-Scheiben.

Cotriade

1,5 kg Fisch verschiedener Sorten wie
Seeteufel, Makrele, Meeraal, Dorade,
Knurrhahn, Merlan
1 Zitrone
Salz
4 Zwiebeln
1 – 2 Knoblauchzehen
1 Bund Petersilie
1 Karotte
750 g mehligkochende Kartoffeln
1 kleine Stange Lauch
50 g gesalzene Butter
¼ Liter Weißwein (Muscadet)
1 Lorbeerblatt
2 Zweige frischer Thymian
frisch gemahlener weißer Pfeffer

Tomatensuppe aus Nantes

Die Zwiebeln würfeln und die Knoblauchzehen zerdrücken. Die Tomaten kleinschneiden. Die Butter erhitzen und die Zwiebeln darin andünsten. Knoblauch und Tomaten zufügen, salzen, pfeffern und unter Rühren einige Minuten weiterdünsten lassen. Das Wasser oder die Gemüsebrühe angießen. Thymianzweig, Lorbeerblatt, Cayennepfeffer und Zucker zufügen. 15 Minuten köcheln lassen. Passieren. Crème double und Mehlbutter zugeben und 5 – 8 Minuten köcheln lassen. Mit Schnittlauchröllchen und Croûtons servieren.

Soupe de tomates à la nantaise

2 Zwiebeln, 2 Knoblauchzehen
800 – 1000 g Tomaten
40 g Butter und 15 g Butter zum
Verkneten mit 10 g Mehl, Salz
frisch gemahlener weißer Pfeffer
¾ Liter Wasser oder Gemüsebrühe
1 Thymianzweig, 1 Lorbeerblatt
1 Messerspitze Cayennepfeffer
½ TL Zucker, ¼ Liter Crème double
1 – 2 EL Schnittlauchröllchen
Croûtons nach Belieben

Soupe à l'oignon de Roscoff

600 g große Zwiebeln
200 g Kartoffeln
30 g gesalzene Butter
1 1/4 Liter Wasser oder Brühe
Salz
frisch gemahlener weißer Pfeffer
50 g Tapioka-Sago
1/8 Liter Sahne
1 Eigelb oder Brotwürfel und
geriebener Käse, nach Belieben

Zwiebelsuppe aus Roscoff

Die Zwiebeln in Ringe schneiden. Die Kartoffeln schälen und vierteln. Die Butter erhitzen und die Zwiebeln darin andünsten. Die Kartoffeln zugeben und mit dem heißen Wasser oder der Brühe ablöschen, salzen und pfeffern. 20 Minuten kochen lassen und anschließend pürieren oder durch ein Sieb streichen. Tapioka-Sago einstreuen (ein aus der Maniok-Wurzelknolle gewonnenes Sago-Produkt, das hochwertiger als der deutsche Sago ist, der aus Kartoffelstärke hergestellt wird) und unter häufigem Rühren bei niedriger Temperatur 10–12 Minuten köcheln lassen. Die Sahne zugießen und eventuell mit Eigelb verfeinern.
Veränderung: Ohne Eigelb, dafür Brotwürfel rösten und alles in Suppentassen geben, mit Käse bestreuen und im vorgeheizten Backofen 6–10 Minuten bei 200–220 °C überbacken.

Soupe à l'oignon de Rennes

400 g Zwiebeln, 40 g Butter
gut 1 1/4 Liter Milch, Salz
frisch gemahlener schwarzer Pfeffer
je 1 Messerspitze Nelkenpulver,
abgeriebene Muskatnuß und
gemahlener Ingwer
4 geröstete dünne Brotscheiben

Zwiebelsuppe aus Rennes

Die Zwiebeln in dünne Scheiben schneiden. Die Butter zerlassen und die Zwiebeln goldgelb andünsten. Mit der Milch auffüllen, würzen und 15–20 Minuten unter häufigem Rühren köcheln lassen. Brotscheiben in die Teller legen und die Suppe darübergießen.

Potage «Saint-Malo» au chou-fleur

550–600 g Blumenkohl
Salz, 2 Kartoffeln, 1 Zwiebel
1 1/4 Liter Hühnerbrühe, Pfeffer
abgeriebene Muskatnuß, 1 Eigelb
100 g Crème fraîche
nach Belieben 1 TL Zitronensaft
Croûtons

Blumenkohlsuppe „Saint-Malo"

Den Blumenkohl 1/2 Stunde in gesalzenes Wasser legen. Herausnehmen und zerpflücken. Die Kartoffeln schälen und zerkleinern. Zwiebel in Ringe schneiden. Die Brühe mit dem Gemüse aufsetzen. Salz, Pfeffer und Muskatnuß zufügen. Etwa 20–25 Minuten kochen lassen, bis die Gemüse weich sind. Passieren. Eigelb mit Crème fraîche verrühren, in die Suppe geben, nochmals abschmecken, aber nicht mehr kochen lassen. Eventuell mit einigen Tropfen Zitronensaft würzen. Mit Croûtons servieren.

Soupe aux marrons

350 g Maronen
1 – 2 Stangen Bleichsellerie
knapp ¹/₂ Liter Gemüsebrühe
2 Schalotten
40 g gesalzene Butter
gut ¹/₂ Liter Geflügelbrühe
¹/₈ Liter Sahne
Salz
frisch gemahlener weißer Pfeffer
¹/₈ Liter Crème fraîche

Maronensuppe

Die Maronen mit einem spitzen Messer über Kreuz einritzen. Genügend Wasser erhitzen, die Maronen hineingeben und 5 Minuten kochen lassen. Das Wasser abgießen. Die äußere Schale der Maronen und die braune Haut entfernen. Bleichsellerie in Stücke schneiden. Maronen mit Bleichsellerie für etwa 45 – 60 Minuten in der Gemüsebrühe köcheln lassen, anschließend pürieren oder durch die Kartoffelpresse drücken.
Die Schalotten ganz fein würfeln. Die Butter erhitzen, Schalotten darin andünsten, Maronenpüree zugeben und mit Geflügelbrühe ablöschen. Sahne zugießen, salzen, pfeffern und einige Minuten unter Rühren köcheln lassen. Crème fraîche zufügen und servieren.

Crème d'artichauts

8 – 10 Artischocken
¹/₂ Zitrone
2 – 3 Schalotten
1 Knoblauchzehe
40 g Butter, 25 g Mehl
³/₄ Liter Hühnerbrühe
etwa ¹/₄ Liter Artischockenwasser
Salz
frisch gemahlener weißer Pfeffer
¹/₈ Liter Crème double
1 Eigelb
1 EL Schnittlauchröllchen

Artischockencremesuppe

Artischocken vorbereiten (siehe Seite 21), mit frischem Wasser und 2 Scheiben Zitrone aufsetzen und etwa ¹/₂ Stunde kochen lassen. Herausnehmen, Blätter und Heu entfernen. Schalotten fein würfeln, Knoblauchzehe zerdrücken. Die Butter erhitzen, Schalotten andünsten, Knoblauch und Mehl hineinschütten und goldgelb anschwitzen lassen. Mit Hühnerbrühe und Artischockenwasser ablöschen. 20 – 25 Minuten köcheln lassen. Die Artischockenherzen nach 10 Minuten zufügen, salzen und pfeffern. Die Suppe pürieren oder durch ein Sieb streichen. Crème double mit Eigelb verrühren und unter Rühren in die Suppe geben. Nicht mehr kochen lassen. Abschmecken, mit Schnittlauchröllchen bestreut servieren.

Pommes de terre aux poires

1 kg Kartoffeln
1 kg Birnen
1 Liter Sauermilch
1 EL Zucker
2 EL gesalzene Butter

Kartoffel-Birnen-Eintopf

Die Kartoffeln schälen, würfeln und in Wasser weichkochen. Die Birnen schälen, in Stücke schneiden und gesondert ebenfalls weichkochen. Zusammen in eine große Schüssel geben, mit Sauermilch begießen. Nach Belieben mit Zucker und zerlassener Butter verfeinern.

Erdbeersuppe aus Plougastel

Nicht nur in der Bretagne sind die süßen Erdbeeren aus Plougastel beliebt. Dort bilden sie aufgrund ihres einzigartigen Geschmacks die Grundlage zu vielen Köstlichkeiten.

$^1\!/_2$ Liter Wasser mit 120 g Zucker 6 – 8 Minuten kochen und anschließend abkühlen lassen. Die Erdbeeren vom Blütenansatz befreien und pürieren. Erdbeeren und Zuckersirup vermischen. Zitronensaft auspressen. Erdbeeren mit Zitronensaft und Liqueur de Plougastel abschmecken. Gut kühlen und vor dem Servieren mit kaltem Muscadet auffüllen. Eine herrlich erfrischende Kaltschale. Zu besonderen Anlässen kann anstelle des Muscadet auch Champagner genommen werden.

Soupe aux fraises de Plougastel

120 g Zucker
750 g Erdbeeren, möglichst aus Plougastel
1 Zitrone
2 – 3 EL Liqueur de Plougastel
gut $^1\!/_2$ Liter Muscadet oder nach Belieben Champagner

Fisch, Schalen- und Krustentiere

Die Bretagne, Armorika, wie die Kelten ihr „Land am Meer" nannten, stellt mit der großen Zahl ihrer Naturhäfen eine ideale Basis für den Fischfang dar. Dabei fahren bretonische Fischer bis hinauf zu den Gewässern Islands oder Neufundlands, um nach oft monatelanger Abwesenheit von zu Hause die Früchte mühevoller Arbeit einzubringen. Nirgendwo in Frankreich gibt es eine so große Auswahl an frischen Fischgerichten wie in den alten Häfen Saint Malo, Paimpol, Roscoff oder auch in den kleinen Fischerdörfern, die man erst entdeckt, wenn man sich trotz der den Blick verstellenden, schier nicht enden wollenden Hecken nicht davon abhalten läßt, weiterzufahren. Fischliebhaber, die die Vorfreude auf ihre bevorzugte Speise möglichst ausdehnen möchten, machen, ehe sie ein Restaurant betreten, einen Bummel über den Fischmarkt, wo sie vom großen Thunfisch bis zu den bohnengroßen Muscheln alles finden, was sie sich erträumen. Das Bild wiederholt sich, wenn als *plateau de fruits de mer* im Restaurant auf einer Unterlage aus Algen und Eis frische Meeresfrüchte wie Austern, Muscheln, Strandschnecken, Langusten, Krabben, Seeigel und Meeresspinnen angeboten werden. Eine Delikatesse sind Austern aus Cancale, wo die Zucht dieser Meerestiere auf eine lange Tradition zurückblicken kann. Nicht weniger berühmt sind die kleinen flachen Bélon-Austern, die in der Flußmündung des Bélon an der Südküste gezüchtet werden. Eine Überraschung erlebten wir immer wieder mit delikaten Fischsuppen – *soupe de poissons.* Ihre Varianten sind so zahlreich wie es Fischarten gibt. Die Bretagne wird nicht nur zu großen Teilen vom Meer umspült, sie ist zusätzlich von unzähligen Bächen und Flüssen durchzogen, in deren klarem und sauberem Wasser Forellen, Salm und eine Art Hering, die *alose vraie,* gefangen werden, der ebenso wie der Lachs zum Laichen weit ins Landesinnere hinaufsteigt.

Plateau de fruits de mer | Meeresfrüchte-Platte

Das allgegenwärtige Meer hält nicht nur kulinarische Genüsse bereit. Das Reizklima der Bretagne stärkt zusätzlich Ihre Gesundheit. Meerwasser, jodhaltige Luft und Sonne sorgen für eine natürliche Therapie. Mehrere Zentren wie in Dinard oder Quiberon nutzen mit ihrer Thalasso- (Meeres-) Therapie die gesundheitsfördernde Wirkung des Meerwassers. Sie soll auch, wenn Sie dem guten Essen zu stark zugesprochen haben, entlastend anwendbar sein und, so Sie zu einem auf Ihrer Speisekarte zu üppig erscheinenden Angebot ein Alibi brauchen, auch prophylaktisch einsetzbar sein.

Auf eine Meeresfrüchteplatte können folgende Arten auf blanchiertem, in kaltem Wasser abgeschreckten Seetang und Eis liegen:

roh:
verschiedene Austern (Bélons und Portugaises), Herz- und Venusmuscheln

gekocht:

Miesmuscheln	5 – 6 Minuten
Krebse	je nach Größe 25 – 30 Minuten
Schwimmkrabben	etwa 14 – 16 Minuten
Meeresspinnen	etwa 15 – 20 Minuten
Garnelen	etwa 3 – 5 Minuten
Hummergarnelen	je nach Größe 8 – 15 Minuten
Langustinen	etwa 5 – 8 Minuten

Strandschnecken nur kurz in den siedenden Sud geben und wieder herausholen
besonders festlich: Hummer und Languste (1 kg Hummer 20 – 22 Minuten)

In eine große Schüssel oder in einen Eimer genügend Wasser mit grauem Meersalz geben und alle Meeresfrüchte gründlich bürsten.

Zum Kochen der Meeresfrüchte ist folgender Sud geeignet:
Wasser mit Gemüsen, Kräutern und Gewürzen 15 Minuten bei niedriger Temperatur köcheln lassen. Dann den Wein zugeben und weitere 15 Minuten köcheln lassen. Diesen Sud kann man für alle Fische und Meeresfrüchte nehmen. Dabei gilt aber, je feiner der Fisch, desto dezenter sollte gewürzt werden.

3 – 4 Liter Wasser
1 Zwiebel mit 2 Nelken bespickt
1 Möhre
1 Kräutersträußchen bestehend aus:
Petersilie, Estragon, Thymian,
Fenchel, Lorbeerblatt
1 Knoblauchzehe
6 zerdrückte Pfefferkörner
Meersalz
1 Liter Muscadet oder Gros Plant

Die Meeresfrüchte können Sie mit folgenden Gewürzen und Saucen abschmecken beziehungsweise anrichten:
Strandschnecken und Langustinen vertragen etwas Curry, manche lieben auch Koriander.
Die Austern müssen vorher geöffnet werden (siehe ausführliche Beschreibung auf Seite 25). Mit Zitronensaft beträufelt können sie samt Flüssigkeit roh aus der Schale geschlürft werden. Zu den Austern werden Zitronenecken und/oder Essigsauce gegeben.

Essigsauce
100 ml Cidre oder Weißweinessig
2 feingehackte Schalotten
1 – 2 EL Erdnußöl
Meersalz
frisch gemahlener Pfeffer

Zu den übrigen Meeresfrüchten kann man eine Mayonnaise reichen:
Eigelb und Öl sollten Zimmertemperatur haben. Eigelb mit Salz verrühren. Tropfenweise unter ständigem Rühren das Öl zugießen. Mit Senf, Essig und Pfeffer abschmecken. Dazu gibt es Brot und Butter.

2 Eigelbe, Salz
200 ml Erdnußöl
1 TL Senf
1/2 – 1 TL Essig
frisch gemahlener Pfeffer

Pot-au-feu de homard

Hummer – Pot-au-feu

Warum der Hummer beim Garen errötet? Bei Hummern, Langusten und Krebsen sind in den Panzern zwei Farbschichten enthalten.
Die äußere blaugraue Schicht ist beim lebenden Krebstier zu sehen. Sie ist jedoch nicht hitzebeständig und wird beim Kochen zerstört. Die darunterliegende rote Schicht bleibt sichtbar. Sie ist hitzebeständig.

Für 2 – 4 Personen
Für den Fischfond
1 kleine Stange Lauch (nur das weiße)
1 Stange Staudensellerie
3 Schalotten, 1 Lorbeerblatt
1 Zweig Thymian, 1 Koblauchzehe
10 weiße Pfefferkörner
5 schwarze Pfefferkörner
2 zerdrückte Wacholderbeeren
1 Nelke
gut 1/4 Liter trockener Weißwein
1 Liter Wasser
*1 kg Karkassen möglichst von
Seezunge, Steinbutt oder Lachs*

1 lebender Hummer von etwa 1 kg
3 Frühlingszwiebeln, 3 Schalotten
1 Möhre, 1 kleine Fenchelknolle
1/2 Bund glatte Petersilie
1 Zweig Estragon, 1/2 Bund Dill
2 EL Olivenöl, 1 EL gesalzene Butter
Salz, frisch gemahlener weißer Pfeffer
50 ml Eau-de-vie de Cidre
1/4 Liter Muscadet, 8 große Garnelen
8 Austern, 300 g Miesmuscheln
300 g Venusmuscheln, 1/8 Liter Sahne
2 – 3 EL Crème fraîche

Alle Zutaten für den Fischfond in einen Topf mit 1 Liter Wasser geben und 30 – 40 Minuten kochen. Den lebenden Hummer kopfüber in kochendes Wasser werfen. Nach 1 Minute wieder herausholen. Die Scheren abtrennen und aufbrechen.
Rumpf und Schwanz mit einer kräftigen Drehung trennen. Das Schwanzteil nach jedem zweiten Schalenabschnitt durchschneiden. Das Fleisch bleibt in den Schalenabschnitten, weil die Schalen das zarte Schwanzfleisch beim Garen schützen, außerdem verstärkt sich dadurch das Aroma. Eventuelle Flüssigkeit aufbewahren und in die Sauce gießen.
Frühlingszwiebeln in Ringe schneiden. Schalotten und Möhre würfeln. Fenchelknolle in feine Streifen schneiden. Blättchen von Petersilie, Estragon und Dill von den Stielen zupfen. Das Olivenöl erhitzen. Die Butter zufügen. Den Hummer hineingeben und so lange braten, bis er sich rot färbt. Das Gemüse und die Kräuter zufügen, kurz andünsten, salzen, pfeffern. Jetzt mit Eau-de-vie de Cidre ablöschen. Weißwein und etwa 1/4 – 1/2 Liter Fischfond zugeben. 10 – 12 Minuten köcheln lassen. Die Hummerstücke herausnehmen und warmstellen. Die gewaschenen und entdärmten Garnelen sowie die gebürsteten Austern und Muscheln hineingeben und 8 – 10 Minuten köcheln lassen. Muscheln, die sich nicht geöffnet haben, wegwerfen. Meeresfrüchte herausnehmen, aus den Schalen lösen und warmstellen. Einige Muscheln als Garnitur in den Schalen lassen. Die Kochbrühe durch ein feines Sieb geben, zurück in den Topf gießen und etwas einkochen lassen. Sahne zufügen, aufkochen, Crème fraîche unterziehen. Nochmals abschmecken und die Meeresfrüchte kurz hineingeben. 1 Minute erhitzen. Den Hummer auf einer großen vorgewärmten Platte anrichten und die Meeresfrüchte mit Sauce darum verteilen. Mit Reis und Brot servieren. Der restliche Fischfond kann eingefroren werden.

Homard à l'armoricaine

Hummer nach armorikanischer Art

Der besondere Genuß dieses Gerichts steht außer Zweifel. Nur, wer einen Lesefehler begeht, wird Armorica mit Amerika verwechseln und glauben, daß die hier beschriebene Zubereitungsart etwas mit Amerika zu tun habe. So sei denn hier noch einmal daran erinnert, daß Armorica *(Armorique)* die alte bretonische Bezeichnung für „Land am Meer" ist. Hummer nach armorikanischer Art ist also eine traditionelle bretonische Spezialität.

Für 2 Personen
1 Hummer von etwa 1 kg
4 – 5 reife Tomaten
4 Schalotten, 1 kleine Möhre
1 Stück Knollensellerie von etwa 40 g
1 Knoblauchzehe, 2 EL Öl
40 g Butter zum Anbraten
Salz
frisch gemahlener Pfeffer
1 Kräuterbündel bestehend aus:
1 Thymianzweig, 4 Petersilienzweige
1 Lorbeerblatt
1/4 Liter trockener Weißwein
3 EL Cognac
Cayennepfeffer
60 g Butter zum Vermischen mit
Corail und Leber
1 – 2 TL Zitronensaft

Den Hummer kopfüber für 3 Minuten in kochendes Wasser geben. Kopf und Schwanz voneinander trennen. Den Schwanz gliedweise in Stücke teilen. Den Brustpanzer in Längsrichtung spalten. Die Hautsäckchen dicht am Kopf und den Darmkanal herausziehen. Rogen *(corail)* und Leber aufheben.
Die Tomaten überbrühen, abschrecken, häuten, entkernen und hacken. Die Schalotten, die Möhre und den Knollensellerie würfeln, den Knoblauch zerdrücken. Das Öl in einem Schmortopf erhitzen. Die Butter zufügen. Die Hummerstücke darin anbraten, salzen, pfeffern. Die Schalotten hineingeben und glasig schwitzen. Die Möhre und den Sellerie zufügen, dann den Knoblauch und die Tomaten sowie das Kräuterbündel. Mit Weißwein und Cognac übergießen. Mit Salz, Pfeffer und Cayenne würzen. Zugedeckt 15 – 20 Minuten kochen lassen.
Die Hummerstücke herausnehmen und warmstellen. Den Hummerfond einkochen lassen. Das Kräuterbündel entfernen. Den Rogen *(corail)* und die Leber mit der Butter mischen und verkneten, stückchenweise unter Schlagen mit dem Schneebesen in die Sauce geben. Die Hitze sollte dabei sehr gering sein. Die Sauce anschließend durch ein Sieb streichen. Mit Zitronensaft abschmecken. Die Hummerstückchen nochmals hineingeben und kurz erwärmen.
Hummer auf eine vorgewärmte Platte legen, mit der Sauce übergießen und auftragen. Ein Muscadet mundet ausgezeichnet dazu.

Miesmuscheln in Weißwein

Die Muscheln gut waschen und bürsten. Die Bärte entfernen. Nochmals unter fließendem Wasser waschen. Die geöffneten Muscheln aussortieren und wegwerfen. Die Schalotten fein hacken und die Knoblauchzehen zerdrücken. Die Butter in einem großen Topf erhitzen und die Schalotten glasig dünsten, Knoblauch zugeben, 1 Minute unter Rühren weiter dünsten. Die Muscheln zufügen, Lorbeerblatt, Thymianzweig und die Hälfte der Petersilie zugeben. Mit Muscadet ablöschen, salzen und pfeffern. Mit einem Deckel abdecken und bei starker Hitze einige Minuten kochen lassen, bis sich die Muscheln geöffnet haben, gelegentlich durchschütteln. Geschlossene Muscheln wegwerfen. Die Muscheln herausnehmen und in eine große Schüssel geben, warmhalten. Lorbeerblatt, Thymianzweig und Petersilienzweige entfernen. Die Flüssigkeit mit Sahne und Crème fraîche einkochen. Die restliche Petersilie gehackt dazugeben. Wenn nötig, die Muscheln nochmals hineingeben und kurz erhitzen.

Moules au Muscadet

2,5 – 3 kg Miesmuscheln
5 Schalotten
2 Knoblauchzehen
40 g Butter
1 Lorbeerblatt
1 Thymianzweig
1 Bund Petersilie
1/2 Liter Muscadet oder
ein anderer trockener Weißwein
Salz
frisch gemahlener weißer Pfeffer
nach Belieben 1/8 Liter Sahne
2 EL Crème fraîche

Langustinen nach Art von Lorient

Lorient, eine hübsche, malerisch gelegene Hafenstadt, wurde früher L'orient – Der Orient – genannt. Sie bekam ihren Namen zu recht. Hier wurde im 17. Jahrhundert die Ostindische Handelsgesellschaft etabliert. Hier waren die von weiter Fahrt zurückkehrenden Segler vor dem Zugriff der Engländer sicher. So fanden schon sehr früh exotische Gewürze Eingang in die bretonische Küche.

Die Schalotten sehr fein würfeln und die Knoblauchzehen zerdrücken. Das Öl erhitzen und die Butter zufügen. Die Schalotten andünsten. Curry, Knoblauch, Langustinen, Salz, Pfeffer zufügen. 2 Minuten leicht braten. Die Langustinen herausnehmen und warmstellen. 1 Teelöffel Mehl darüberstäuben. Calvados und Wein zufügen und etwas einkochen lassen. Crème double hineinrühren und abschmecken. Estragon zufügen. Langustinen wieder hineingeben und kurz erhitzen. Mit Estragon garniert servieren.

Langoustines à la mode de Lorient

2 Schalotten, 2 Knoblauchzehen
1 EL Öl, 50 g gesalzene Butter
1 TL Curry
12 vorbereitete Langustinen
(siehe Seite 22), Salz
frisch gemahlener weißer Pfeffer
1 TL Mehl, 3 EL Calvados
knapp 1/4 Liter Muscadet
1/8 Liter Crème double
1 EL frisch gehackter Estragon

Langoustines à la menthe

16 – 20 Langustinen
2 Schalotten
50 g Butter und 80 g eiskalte Butter
in Stückchen zum Binden der Sauce
gut 1/8 Liter Muscadet
gut 1/8 Liter Fischfond
4 EL Crème fraîche, Salz
frisch gemahlener weißer Pfeffer
Cayennepfeffer
2 Zweige Minze

Langustinen mit Minze

Die Langustinen der Länge nach halbieren und den Darm entfernen. Die Schalotten sehr fein würfeln. Butter in einer Pfanne zerlaufen lassen. Die Langustinen und Schalotten hineingeben und auf beiden Seiten etwa 2 Minuten braten. Langustinen herausnehmen und warmstellen. Mit Weißwein und Fischfond ablöschen und einkochen lassen. Crème fraîche zufügen. Mit Salz, frisch gemahlenem Pfeffer und Cayennepfeffer würzen. Mit der Butter binden, eventuell mit dem Stabmixer aufschlagen und gehackte Minze zufügen. Langustinen mit der Sauce anrichten und mit Minzblättchen garnieren.

Ormeaux au Muscadet

12 Seeohren (Schneckenart)
1 EL Mehl, 1 Zwiebel
2 Knoblauchzehen, 1 EL Öl
1 EL gesalzene Butter
1 Kräuterbündel bestehend aus:
1 Petersilienzweig, 1 Thymianzweig,
1 kleines Lorbeerblatt, 1 Nelke
1/8 Liter Muscadet
1/8 Liter Geflügelbrühe
Salz, frisch gemahlener Pfeffer
2 – 3 EL Crème double
1/2 Bund Petersilie

Seeohren in Muscadet

Die Schnecken aus den Schalen lösen. Dunkle Teile entfernen. Das weiße Muskelfleisch zartklopfen. Dünn mit Mehl bestäuben. Die Zwiebel würfeln und die Knoblauchzehen zerdrücken. Das Öl in einer Pfanne erhitzen und die Butter zufügen. Die Seeohren hineingeben und anbraten. Zwiebel und Knoblauch zufügen, kurz weiterbraten. Mit Muscadet und Geflügelbrühe ablöschen. Kräuterbündel und Nelke zufügen, etwa 10 Minuten köcheln lassen, bis sie weich sind. Mit Salz und Pfeffer würzen. Die Seeohren herausnehmen und warmstellen. Die Brühe etwas einkochen lassen und passieren. Nach Belieben mit Crème double verfeinern. Die Sauce zu den Seeohren geben und mit gehackter Petersilie bestreut servieren.

Lotte au cidre

800 g vorbereiteter Seeteufel
Saft 1/2 Zitrone, 5 – 6 Kartoffeln
1 – 2 Schalotten, 1 Bund Petersilie
30 g Butter, Salz
frisch gemahlener weißer Pfeffer
1/4 – 1/2 Liter herber Cidre
1/4 Liter Sahne

Seeteufel in Cidre

Den Seeteufel waschen, trockentupfen und mit Zitronensaft beträufeln. Die Kartoffeln schälen und in dünne Scheiben schneiden. Die Schalotten ganz fein schneiden und die Petersilie hacken. Eine Auflaufform mit Butter einfetten. Den Fisch hineinlegen. Kartoffeln, Schalotten und Petersilie darum verteilen. Mit Salz und Pfeffer bestreuen. Cidre und Sahne darübergießen und in den auf 190 – 200 °C vorgeheizten Ofen etwa 25 Minuten geben.

Merlu aux algues Dulse

125 g frische Dulse-Algen
2 Schalotten
Butter für die Form
4 Stück Seehechtfilet von je etwa 150 g
Salz, frisch gemahlener weißer Pfeffer
1/4 Liter Gros Plant
3 EL frische Weißbrotkrume
40 g Butterflöckchen
2 Zweige Petersilie

Seehecht mit Dulse-Algen

Algen wurden schon vor zwei Jahrtausenden von den Kelten als Nahrungsmittel genutzt. Meeresgemüse, wie die Rotalge „Dulse" und die *Haricots verts de mer* – Meeresspaghetti – sind reich an Spurenelementen und Vitaminen. An den Küsten der Bretagne werden sie mit Erfolg gezüchtet. Frisch oder getrocknet finden sie bei vielen Speisen Verwendung.

Die Algen in mehrfach wechselndem warmen Wasser etwa 30 Minuten wässern. In kochendes Wasser werfen, herausnehmen und in kaltem Wasser abschrecken. Die Algen abtropfen lassen und zerkleinern. Die Schalotten fein würfeln. Eine feuerfeste Form gut ausbuttern. Dulse und Schalotten hineingeben. Den Fisch kurz kalt abspülen und trockentupfen. Salzen und pfeffern. In die Form auf die Algen legen und mit dem Wein begießen. Mit frischen Weißbrotkrumen bestreuen und mit Butterflöckchen belegen. Abgedeckt in den auf 180 – 190 °C vorgeheizten Backofen etwa 25 Minuten geben. Mit gehackter Petersilie bestreuen und servieren.

Stockfisch nach Brester Art

Dieses Gericht strahlt einen Hauch von Nostalgie aus. War doch das Trocknen von Fischen, vornehmlich von Dorsch und Kabeljau, eine der Methoden Nahrung für längere Zeit haltbar zu machen. Sowohl Stockfisch, er wurde auf Holzgerüsten in Wind und Sonne getrocknet, als auch Klippfisch, der einfach auf die Klippen gelegt wurde, bildeten die Grundnahrung der Länder am Meer, von Skandinavien bis Portugal. Heute gelten Stockfischgerichte als etwas Besonderes. In der Bretagne zählt er zu den typischen Karfreitag-Essen.

Den Stockfisch mindestens 24 Stunden wässern. Das Wasser mehrfach wechseln. Stockfisch mit frischem Wasser aufsetzen und bei geringer Temperatur etwa 10 – 12 Minuten kochen. Die Kartoffeln waschen und ungeschält in kaltem Wasser aufsetzen. Etwa 30 – 35 Minuten kochen lassen, je nach Größe der Kartoffeln. Inzwischen die Zwiebel würfeln, den Knoblauch zerdrücken, den Lauch putzen und in schmale Ringe schneiden. Butter in einem weiten Topf erhitzen. Die Zwiebel andünsten. Knoblauch und Lauch zugeben, einige Minuten weiterdünsten. Mit Mehl bestäuben und mit ⅛ Liter Wasser, Milch und Crème double ablöschen. Einige Minuten köcheln lassen, salzen und pfeffern. Die Kartoffeln abgießen, pellen und in Scheiben schneiden. Eine Auflaufform ausbuttern. Schichtweise Kartoffeln und Stockfisch hineingeben. Mit der Lauchcreme abdecken. In den vorgeheizten Backofen bei 220 °C etwa 15 Minuten überbacken.

Morue à la brestoise

1 kg Stockfisch
800 g Kartoffeln
1 Zwiebel
1 Knoblauchzehe
1 Stange Lauch
40 g gesalzene Butter und
Butter für die Form
1 EL Mehl
⅛ Liter Milch
⅛ Liter Crème double
Salz
frisch gemahlener weißer Pfeffer

Stockfischkuchen

Den Stockfisch mindestens 24 Stunden in Wasser einweichen. Das Wasser sollte 3 – 4 mal gewechselt werden. Danach den Stockfisch zerkleinern und mit ¼ Liter Wasser und ¼ Liter Milch, Thymianzweig und Lorbeerblatt aufkochen, danach die Hitze reduzieren und den Fisch in 10 – 12 Minuten garen. Herausnehmen, von den Gräten und der Haut befreien. Die heiße Sahne, die Kartoffeln und den Fisch pürieren, Crème fraîche, Eier, Mehl, zerdrückte Knoblauchzehe und Schnittlauch zufügen und verrühren. Mit frisch gemahlenem Pfeffer und Zitronensaft abschmecken. Eventuell mit Salz nachwürzen. Flache Kuchen von etwa 12 cm Durchmesser und 1 cm Dicke formen. Die Butter in einer Pfanne erhitzen und die Stockfischkuchen beidseitig goldgelb braten.

Gâteaux de morue séchée

400 g Stockfisch
¼ Liter Milch, 1 Thymianzweig
1 Lorbeerblatt, gut ¼ Liter Sahne
200 g gekochte geschälte Kartoffeln
⅛ Liter Crème fraîche, 2 – 3 Eier
100 g Mehl, 1 Knoblauchzehe
2 EL Schnittlauchröllchen
frisch gemahlener weißer Pfeffer
Zitronensaft, Salz nach Belieben
3 EL gesalzene Butter

Fritierte Moruezungen

Die Zungen 12 – 15 Stunden wässern. Das Wasser einige Male erneuern. Die Zungen anschließend in warmem Wasser abspülen, trocken tupfen, in Milch tauchen und in Mehl wenden. In heißem Öl fritieren, herausnehmen und auf Küchenpapier abtropfen lassen, salzen und sofort servieren.
Uns wurden fritierte Petersilie und Zitronenviertel dazu serviert.
Auch die Sauce Saint Malo (siehe Seite 122) paßt gut dazu.

Langues de morue frites

400 g Moruezungen (Kabeljau)
Milch, Mehl
Öl zum Fritieren

Stockfischpüree unter der Blätterteighaube

Den Stockfisch 24 Stunden in reichlich Wasser einweichen. Etwa dreimal das Wasser wechseln. Anschließend den Fisch etwas zerkleinert in einen Topf geben. Mit je 1/2 Liter Milch und Wasser, dem Lorbeerblatt und dem Thymianzweig aufkochen und den Fisch in etwa 10 – 12 Minuten bei geringer Temperatur abgedeckt kochen lassen. Das Fischfleisch von den Gräten lösen und die Haut entfernen. Petersilie hacken, Knoblauchzehe zerdrücken. Die restliche Milch und die Sahne erhitzen. Mit dem Fischfleisch und der weichen Butter pürieren. Eier, Crème fraîche, Petersilie und Knoblauch unterrühren. Salzen, pfeffern und Muskatnuß zugeben. Mit Zitronensaft abschmecken. 4 kleine Formen oder feuerfeste Suppentassen einfetten. Stockfischpüree hineingeben und mit den ausgerollten Blätterteigscheiben abdecken. Reste abschneiden und an den Rändern andrücken. Den Blätterteig mit der Eiermilch bestreichen. In den auf 210 – 220 °C vorgeheizten Backofen für etwa 20 Minuten stellen.

Brandade de morue

500 – 600 g Stockfisch
1/2 Liter Milch zum Kochen des
Stockfischs und knapp 1/4 Liter Milch
zum Pürieren
1 Lorbeerblatt, 1 Thymianzweig
1/2 Bund Petersilie, 1 Knoblauchzehe
1/8 Liter Sahne
30 g gesalzene Butter und
Butter für die Förmchen
3 Eier, 2 – 3 EL Crème fraîche, Salz
frisch gemahlener Pfeffer
nach Belieben etwas abgeriebene
Muskatnuß, etwa 1 – 2 TL Zitronensaft
4 Blätterteigscheiben von 60 g
(Tiefkühlprodukt)
1 Eigelb vermischt mit 2 EL Milch zum
Bestreichen der Blätterteigscheiben

Filets de bar

4 Scheiben Filet vom Seebarsch
(je etwa 160 g)
Saft ¹/₂ Zitrone, Salz
frisch gemahlener weißer Pfeffer
¹/₈ Liter trockener Wein
¹/₂ Lorbeerblatt
4 Pfefferkörner
10 g gesalzene Butter

Gedämpfte Seebarschfilets

Die Filets mit Zitronensaft beträufeln, salzen und pfeffern. Wasser mit Wein, Lorbeerblatt und zerdrückten Pfefferkörnern in einen Topf mit Einsatz zum Kochen bringen. Den Einsatz mit Butter ausstreichen und den Fisch darauflegen. Das Wasser darf die Fischfilets nicht berühren. Sie sollten nur im Wasserdampf garen. Je nach Stärke der Filets dauert das etwa 6 – 9 Minuten.
Mit Sauce Hollandaise (siehe Seite 124) und feinen Erbsenschoten zu Tisch geben.

Thon à la cocotte

1 Scheibe Thunfisch von etwa 700 g

Für die Marinade
1 Zwiebel, 1 Knoblauchzehe
4 EL Weißweinessig, Salz
frisch gemahlener weißer Pfeffer
¹/₈ Liter Öl, 1 Lorbeerblatt
1 Zweig Thymian, 2 Zweige Petersilie

Zum Schmoren
1 Zwiebel, 2 EL Öl, 1 EL Butter
¹/₈ Liter Fischfond, ¹/₈ Liter Muscadet
¹/₂ Bund Petersilie, 30 g Butter

1 Zitrone

Geschmorter Thunfisch

Den Thunfisch waschen, trockentupfen und in eine Schale legen. Die Zwiebel in Ringe schneiden und die Knoblauchzehe zerdrücken, mit Essig, Salz, Pfeffer, Öl, Lorbeerblatt, Thymian und Petersilie zu dem Fisch geben und 4 – 5 Stunden gekühlt und abgedeckt durchziehen lassen. Hin und wieder wenden. Anschließend den Thunfisch herausnehmen, trockentupfen, salzen und pfeffern. Die Zwiebel würfeln. Das Öl erhitzen. Die Butter zufügen und den Thunfisch anbraten. Die Zwiebel zufügen, weiterbraten. Mit Fischfond und Weißwein ablöschen. Etwa 30 Minuten zugedeckt schmoren lassen. Die gehackte Petersilie zugeben. Den Schmorfond mit der eiskalten, stückchenweise zugefügten Butter binden. Mit Zitronenspalten garniert servieren.

Thon de Concarneau

750 g Thunfisch, 1 Zitrone
1 Bund Frühlingszwiebeln
Butter für die Form
1 Kräuterbündel bestehend aus:
Thymian, Lorbeerblatt, Sellerielaub
gut 1/4 Liter trockener Weißwein

Für das Gemüse
250 g Möhren
800 g frische Erbsen (ersatzweise
300 g tiefgekühlte Erbsen)
1 Schalotte, 25 g Butter
1/8 Liter Brühe, Salz
frisch gemahlener weißer Pfeffer
1 TL Zucker

Für den Reis
25 g Butter, 1 Tasse Reis
1 3/4 Tassen Brühe, Salz

1 Bund Petersilie

Thunfisch aus der Gegend von Concarneau

Die Thunfischkoteletts waschen, trockentupfen und mit dem Saft einer halben Zitrone beträufeln. Die restliche Zitrone in Scheiben oder Stücke schneiden. Die Frühlingszwiebeln in Ringe schneiden. Eine Auflaufform ausbuttern, den Fisch hineinlegen. Mit Frühlingszwiebeln bestreuen, salzen und pfeffern. Kräuterbündel zufügen und den Wein darübergießen. Etwa 45 Minuten bei 160 °C in den vorgeheizten Backofen stellen.
Währenddessen die Möhren in Stifte schneiden und die Erbsen enthülsen. Die Schalotte fein würfeln. In einem gesonderten Topf die Butter schmelzen lassen. Schalotte, Möhre und Erbsen etwas anziehen lassen. Brühe oder Wasser angießen. Mit Salz, Pfeffer und Zucker würzen. Zugedeckt etwa 12 – 20 Minuten köcheln lassen. Bei Verwendung von tiefgekühlten Erbsen (300 g) die Möhren vorgaren und die Erbsen später zufügen.
In einem zweiten Topf die Butter erhitzen. Den Reis hineingeben und glasig schwitzen. Dabei mehrfach rühren. Die Brühe zugießen, aufkochen, salzen. Den Reis noch einmal durchheben und ohne weiteres Umrühren zugedeckt bei geringer Hitze in etwa 16 – 20 Minuten ausquellen lassen, je nach Reissorte. Thunfisch auf einer großen Platte anrichten. Mit Gemüse und Reis umrahmen. Mit gehackter Petersilie bestreuen und mit Zitronenecken garnieren.

Thon au four

1 Scheibe Thunfisch von etwa 700 g
(oder entsprechend 2 kleinere Scheiben)
Salz
frisch gemahlener schwarzer Pfeffer
2 Zwiebeln, 1 Knoblauchzehe
600 g Tomaten, 40 g Butter
200 g kleine Champignons
1 Zweig Thymian, 1 Lorbeerblatt
1/4 Liter Muscadet, Cayennepfeffer
1/2 Bund glatte Petersilie

Thunfisch aus dem Ofen

Die Haut des Thunfischs entfernen. Den Thunfisch waschen, trockentupfen, salzen und pfeffern. Die Zwiebeln würfeln, die Knoblauchzehe zerdrücken. Die Tomaten überbrühen, häuten, würfeln und entkernen. Die Butter erhitzen. Den Thunfisch beidseitig anbraten. Die Zwiebeln zugeben, dann den Knoblauch und die Champignons. Die Tomaten zufügen, durchschmoren, Thymianzweig und Lorbeerblatt hineinlegen und mit dem Wein ablöschen. Mit Salz, Pfeffer und Cayennepfeffer würzen. Im vorgeheizten Backofen zugedeckt bei 210 – 220 °C etwa 25 – 30 Minuten schmoren. Thymianzweig und Lorbeerblatt entfernen. Mit gehackter Petersilie bestreuen und kleine Kartoffeln dazu servieren.

Thunfisch mit Tomaten und Thymian

Thymian, den man eher im Süden vermutet, nimmt in der bretonischen Küche einen wichtigen Platz ein. Vor allem bei Fischgerichten findet er Verwendung. Im Mittelalter verband man mit diesem Kraut Begriffe wie Glück, Stärke und Mut. Adelige Burgdamen stickten auf die Gewänder ihrer Ritter Sträuße von Thymian, bevor sie in den Kampf zogen.

Den Thunfisch waschen, trockentupfen, salzen und pfeffern. Die Zwiebeln fein würfeln und die Knoblauchzehen zerdrücken. Petersilie hacken. Die Tomaten mit kochendem Wasser übergießen, abschrecken, häuten, Kerne entfernen und hacken. Das Öl erhitzen. Die Butter zugeben. Den Thunfisch beidseitig etwa 5 Minuten anbraten. Zwiebeln und Knoblauch zugeben, dann die Petersilie, Tomaten und Tomatenmark. Salzen, pfeffern, Lorbeerblatt, Thymian und Salbei dazulegen. Nach einigen Minuten mit dem Wein und Fischfond ablöschen. Im geschlossenen Topf noch etwa 20 – 25 Minuten bei niedriger Temperatur köcheln lassen. Den Fisch auf eine vorgewärmte Platte legen. Den Schmorfond nach Belieben pürieren, mit Cayennepfeffer gut abschmecken und mit dem Fisch servieren.

Thon braisé

1 Scheibe Thunfisch von etwa 800 g
Salz
frisch gemahlener schwarzer Pfeffer
2 Zwiebeln, 2 Knoblauchzehen
1 Bund glatte Petersilie
500 g Tomaten
2 EL Öl
2 EL gesalzene Butter
1 – 2 TL Tomatenmark
1 Lorbeerblatt
2 Zweige Thymian
2 Salbeiblätter
1/4 Liter Muscadet
1/8 Liter Fischfond
Cayennepfeffer

Petits Lieus des Glénan

1,5 kg Venus- und/oder Herzmuscheln

Für die Muscheln
1 Zwiebel, 1 Knoblauchzehe
1/2 Bund glatte Petersilie
1 – 2 Tomaten
30 g gesalzene Butter, Salz
frisch gemahlener weißer Pfeffer
1 Lorbeerblatt, 1 Thymianzweig
1/2 Liter Muscadet

2 kleine Seelachse
Saft 1/2 Zitrone
1 Zwiebel, 1 EL Öl
2 EL Butter, 1 TL Cidre-Essig
1/2 Bund glatte Petersilie

Seelachs nach Art der Glénan-Inseln

Die Muscheln gründlich waschen und putzen. Die Zwiebel würfeln, Knoblauchzehe zerdrücken und die Petersilie hacken. Die Tomate häuten und hacken. Die Butter in einem großen Topf erhitzen. Die Zwiebel darin glasig dünsten. Knoblauch und Tomaten zugeben, salzen, pfeffern. 1 Minute durchdünsten. Muscheln, Lorbeerblatt und Thymianzweig zugeben. Mit Wein und 1/2 Liter Wasser ablöschen. Einen Deckel auflegen und kurz kochen lassen bis sich die Muscheln öffnen. Zwischendurch einmal schütteln. Geschlossene Muscheln wegwerfen. Die Muscheln aus den Schalen nehmen. Die Fische ausnehmen, mit Zitronensaft beträufeln und salzen. Für den Fisch die Zwiebel in Würfel schneiden. Das Öl erhitzen, die Butter zugeben und die Zwiebel darin glasig dünsten. Die Fische zugeben und beidseitig goldgelb braten. Mit 1/2 Liter Muschelbrühe (vorher durch ein Sieb gießen) ablöschen. Cidre-Essig zufügen. Einige Minuten köcheln lassen bis der Fisch gar ist. Die Petersilie hacken, mit den Muscheln zugeben und abschmecken. Nicht mehr kochen lassen, nur noch erwärmen. Mit Reis servieren.

Truite saumonée
en croûte de sel

1 Lachsforelle von etwa 1 kg
1 EL Zitronensaft
etwa 60 g bretonische Kräuterbutter
(siehe Seite 124), 3 – 4 Eiweiß
1,5 kg grobes Meersalz
1 EL Butter für die Form

Lachsforelle in der Salzkruste

Das Salz aus den Salinen der Halbinsel Guérande verhalf den hier lebenden Menschen zu Bekanntheit und Wohlstand. Vom einstmals blühenden Handel zeugen heute noch den Kontinent durchziehende Salzstraßen. Sehr begehrt ist das besonders mineralreiche graue Salz – *sel gris.*
Verständlich, daß das Salz auch in einigen Gerichten der Bretagne eine betonte Rolle spielt.

Die Lachsforelle ausnehmen, waschen, trockentupfen und mit dem Zitronensaft beträufeln. Anschließend mit bretonischer Kräuterbutter füllen. Eiweiß steifschlagen und das Salz zufügen. Eine längliche, genügend große Auflaufform mit Butter ausstreichen. Die Hälfte der Salzmasse hineingeben. Den Fisch darauflegen und mit Salzmasse bedecken. Bei 190 – 200 °C in den vorgeheizten Backofen für etwa 20 Minuten geben.

Truite aux champignons

4 Forellen
1/2 Zitrone, Salz
2 EL Mehl
2 Schalotten
250 g Champignons
25 g Butter für die Form
1 Zweig Petersilie
gut 1/2 Liter trockener Weißwein
(Muscadet)
frisch gemahlener weißer Pfeffer
gut 1/8 Liter Crème double
1/8 Liter Crème fraîche
1 Zweig Estragon

Forelle mit Champignons

Die Forellen ausnehmen, waschen, trockentupfen, mit Zitronensaft beträufeln und salzen. Zugedeckt 1/2 Stunde gekühlt liegen lassen. Anschließend leicht mehlen. Die Schalotten würfeln und die Champignons in Scheiben schneiden. Eine feuerfeste Form mit Butter ausstreichen. Schalotten, Champignons und Petersilienzweig hineingeben, die Forellen darauf legen. Mit Muscadet begießen, salzen und pfeffern. Im vorgeheizten Backofen bei 170 – 180 °C etwa 20 – 25 Minuten garen. Die Forellen öfters mit der Garflüssigkeit begießen. Anschließend die Fische warmstellen. Die Garflüssigkeit durch ein Sieb in einen Topf gießen und einkochen lassen. Crème double und Crème fraîche zugeben. Nochmals etwas eindicken lassen. Kleine Estragonblättchen in die Sauce geben und mit den Forellen und den Champignons servieren.

Truite de mer du pêcheur

4 Forellen
2 Zitronen, Salz
2 EL Mehl
2 Zwiebeln
350 g Champignons
80 – 100 g gesalzene Butter
frisch gemahlener weißer Pfeffer
1 Bund glatte Petersilie

Meeresforelle des Fischers

Die Forellen ausnehmen, waschen, trockentupfen, mit dem Saft einer Zitrone beträufeln, salzen und leicht mehlen. Die Zwiebeln fein würfeln und die Champignons in Scheiben schneiden. Butter in einer großen Pfanne zerlaufen lassen, die Forellen mit Zwiebeln, Champignons, Salz und Pfeffer darin braten und die Forellen nach etwa 6 – 8 Minuten einmal wenden. Die gehackte Petersilie zugeben. Mit Zitronenecken garniert servieren.

Rochen aus Morlaix

Raie de Morlaix

Im Schatten des die Stadt überspannenden Viaduktes ließen wir uns nach einem ausgedehnten Rundgang in einem kleinen Fachwerkhaus ein Fischgericht besonderer Art schmecken. Die Fischer von Morlaix waren, wie in alten Zeiten, zum Fang ausgefahren und boten am Morgen im Hafen die frischen Fische an. Dem begleitenden Muscadet müssen wir wohl gut zugesprochen haben, als wir dann die Geschichte des Mädchens Marivonic, die uns ein alter Fischer erzählte, für bare Münze nahmen. Marivonic war vor langer Zeit von Piraten entführt worden und kam, nachdem sie auf weiter See ins Wasser gesprungen war, auf wunderbare Weise ans Land zurück. Leider war ihr Glück nicht von Dauer. Als sie im Morgengrauen um das Haus ihres Vaters ging, fiel sie tot zu Boden.

Rochen säubern und in den kochenden Fischfond geben. 12 – 15 Minuten bei geringer Hitze köcheln lassen. Anschließend die Haut entfernen und den Fisch auf einer vorgewärmten Platte warmhalten. Die Butter in eine Pfanne geben und schmelzen, goldgelb, aber nicht zu dunkel werden lassen. Die Pfanne vom Herd nehmen. Essig, Kapern und 1/8 Liter Fischfond dazugeben, salzen und pfeffern. Bei niedriger Temperatur 2 – 3 Minuten köcheln lassen. Über die Rochenflügel gießen. Mit Zitronenecken garnieren und servieren. Salz- oder Pellkartoffeln passen gut dazu.

2 Rochenflügel von insgesamt
etwa 1,8 kg
2 Liter Fischfond
150 g gesalzene Butter
etwa 100 ml Essig
60 g Kapern, Salz
frisch gemahlener weißer Pfeffer
1 Zitrone

Rochenfrikassee mit Kapern

Fricassée de raie

Die Rochenflossen säubern, salzen, mit Wasser bedecken und 1 Tag abgedeckt in den Kühlschrank stellen. Die Zwiebel und den Lauch in Ringe schneiden. Rochenflossen aus dem Wasser nehmen und in etwa 5 cm große Stücke schneiden. 1 Liter frisches Wasser mit Zwiebel, Kräuterbündel, Weißweinessig, Salz und Muskatblüte zum Kochen bringen. Rochen hineingeben und bei geringer Hitze etwa 15 – 20 Minuten köcheln lassen. Rochen und das Kräuterbündel herausnehmen, abtropfen lassen, Haut und Knorpel entfernen. Die Butter zerlassen, das Mehl hineinstreuen und kurz durchschwitzen lassen. Mit gut 1/4 Liter durchgeseihter Kochflüssigkeit und Weißwein ablöschen. Crème double zufügen, 8 – 10 Minuten bei geringer Hitze köcheln lassen. Mit Salz und Pfeffer würzen. Kapern und Fischstücke in die Sauce geben und servieren.

1,5 kg Rochenflossen
Salz, 1 Zwiebel, 1/2 Lauchstange
1 Kräuterbündel bestehend aus:
1 Zweig Thymian, 2 Stengel Petersilie,
1 Lorbeerblatt
2 EL Weißweinessig
Muskatblüte (Macis)
40 g gesalzene Butter
20 g Mehl, 1/4 Liter Muscadet
1/8 Liter Crème double
frisch gemahlener schwarzer Pfeffer
3 EL Kapern

Daurade au four

1 Goldbrasse von etwa 1 – 1,2 kg
$^1/_2$ Zitrone, Salz
2 Zwiebeln
3 Knoblauchzehen
$^1/_2$ Bund glatte Petersilie
4 Tomaten
125 g kleine Champignons
600 g Kartoffeln
1 Lorbeerblatt
1 Thymianzweig
20 g Butter für die Form und
40 g Butter als Flöckchen
$^1/_2$ Liter Muskadet
frisch gemahlener weißer Pfeffer

Maquereaux au four

2 große oder 4 kleine Makrelen
1 Zitrone, Salz
frisch gemahlener weißer Pfeffer
2 Zwiebeln, 1 – 2 Äpfel
Butter für die Form
1 Thymianzweig
etwa 2 cm Stangenzimt
$^1/_8$ Liter herber Cidre
$^1/_8$ Liter Sahne
1 – 2 Zweige Kerbel

Goldbrasse aus dem Ofen

Jeder Fischer ist ein Bauer, jeder Bauer ist ein Fischer. Dies bewahrheitet sich, wenn man die Küche der bretonischen Küstenbewohner kennenlernt.

Die ausgenommene Goldbrasse mit Zitronensaft beträufeln und salzen. Die Zwiebeln würfeln, Knoblauchzehen und Petersilie hacken. Die Tomaten überbrühen, häuten, grobe Kerne entfernen und hacken. Champignons, wenn nötig, putzen. Kartoffeln schälen und in sehr dünne Scheiben schneiden. Eine große feuerfeste Form gut ausbuttern. Den Fisch hineinlegen. Die Gemüse darum verteilen. Lorbeerblatt und Thymianzweig zufügen. Mit Wein begießen, salzen und pfeffern. Butterflöckchen daraufsetzen. In den vorgeheizten Backofen bei 200 – 220 °C etwa 40 – 50 Minuten backen. Andere mögen das Gericht lieber ohne Champignons. Auch werden häufig die Kartoffeln separat als Pellkartoffeln gekocht, dann sollte der Wein reduziert werden.

Makrelen aus dem Ofen

Die Makrelen säubern und filetieren. Mit Zitronensaft beträufeln, salzen und pfeffern. Die Zwiebeln würfeln, die Äpfel in dünne Scheibchen schneiden und ebenfalls mit Zitronensaft beträufeln. Eine Auflaufform einfetten. Die Apfelscheiben einschichten. Die Filets darauflegen, Thymianzweig und Zimtstange zugeben und mit Weißwein und Sahne begießen. Mit einem Deckel oder Alufolie zudecken und in den auf 180 – 190 °C vorgeheizten Backofen für etwa 15 Minuten geben. Thymianzweig und Stangenzimt entfernen. Mit Kerbelblättchen garniert servieren.

Congre du pêcheur de Ploumanach

Meeraal nach Art des Fischers von Ploumanach

Am Strand von Ploumanach steht eine kleine Kapelle, die nur bei Ebbe zu Fuß zu erreichen ist. Mönche der Abtei von Bégard hatten sie im 12. Jahrhundert zu Ehren des heiligen Guirec errichtet. Niemand mehr könnte heute sagen, warum der Heilige als Heiratsvermittler gilt. Man (Fräulein) braucht dem Heiligen nur mit einer Nadel in die Nase zu stechen und kann danach die abergläubige Gewißheit mit nach Hause nehmen, noch im gleichen Jahr seinem künftigen Bräutigam zu begegnen.

In der Nähe des Wundertätigen beendeten wir eine ausgedehnte Wanderung entlang des Zöllnerpfades, vorbei an von Wind und Wetter phantastisch geformten riesenhaften Granitblöcken. Ihre Couleur gab der *Côte de granit rose* ihren Namen. Wir kehrten in ein kleines Fischrestaurant am Hafen ein. Der Besitzer bereitete uns einen Meeraal nach seiner Art, den er in der Nacht zuvor gefangen hatte. Wir waren begeistert.

2 Zwiebeln
50 g gesalzene Butter
800 – 1000 g Meeraal in etwa
3 cm dicke Scheiben geschnitten
15 g Mehl
¼ Liter Weißwein (Muscadet)
¼ Liter Fischfond, Salz
frisch gemahlener weißer Pfeffer
1 Kräuterbündel bestehend aus:
Möhre, Petersilie, Thymian, Kerbel,
Lorbeerblatt
1 Eigelb
2 EL gehackte Kräuter
(Petersilie und Kerbel)

Die Zwiebeln würfeln. Butter in einem Schmortopf erhitzen und die Fischstücke auf beiden Seiten anbraten. Den Fisch herausnehmen und warmhalten. Die Zwiebeln hineingeben und einige Minuten braten, mit Mehl bestäuben und kurz durchschwitzen lassen. Mit Wein und Fischfond ablöschen. Aufkochen lassen, den Fisch wieder einlegen, salzen und pfeffern. Das Kräuterbündel zufügen und etwa 12 – 15 Minuten köcheln lassen. Das Kräuterbündel entfernen. Den Fisch herausnehmen, auf eine vorgewärmte Platte legen und warmstellen. Etwas Garflüssigkeit mit dem Eigelb verrühren und unter vorsichtigem Schlagen in die heiße aber nicht mehr kochende Fischbrühe geben. Die Sauce über den Fisch gießen und mit den gehackten Kräutern bestreuen. Mit Kartoffeln anrichten.

Meeraal auf eine andere Art

Meeraal säubern, in 3 – 4 cm breite Stücke schneiden und salzen. Die Möhren schaben und in Scheiben schneiden. Die Zwiebeln schälen. Die Butter erhitzen. Möhren und Zwiebeln darin andünsten. Mit Mehl bestäuben, durchschwitzen lassen und mit Rotwein und Fischfond ablöschen. Zum Kochen bringen und den Aal hineingeben, salzen und pfeffern. Abgedeckt bei niedriger Temperatur etwa 20 Minuten köcheln lassen.

Congre (autre recette)

1,2 kg Meeraal, Salz, 2 Möhren
10 – 12 sehr kleine weiße Zwiebeln
oder Schalotten
60 g gesalzene Butter, 20 g Mehl
gut 1/4 Liter Rotwein
gut 1/4 Liter Fischfond, Salz
frisch gemahlener schwarzer Pfeffer

Gegrillte Sardinen

Die Sardinen ausnehmen, abspülen und trockentupfen. Die Sardinen mit Öl einpinseln, salzen und pfeffern. Beidseitig etwa 5 Minuten grillen, je nach Größe.
Dazu gibt es Kartoffeln und gesalzene Butter. Mancherorts wird auch Senfbutter dazu gereicht, dafür 150 g gesalzene weiche Butter mit 1 Eßlöffel scharfen oder 2 Eßlöffeln mildem Senf vermengen. In der Hochbretagne werden sie auch häufig in Galettes gewickelt, allerdings ohne Kopf und Gräten.

Sardines grillées

12 – 16 Sardinen, je nach Größe
etwa 3 – 4 EL Öl
Salz
frisch gemahlener Pfeffer

Heringe auf Nantaiser Art

Die Heringe ausnehmen und putzen. Kopf und Schwanz entfernen, waschen und trockentupfen. 20 g Butter zerlaufen lassen. Milchner darin leicht braten. Die gesalzene weiche Butter mit Milchner und Senf verrühren.
Die Heringe mit Öl bestreichen und grillen, salzen und pfeffern. Die Milchner-Butter in einen Spritzbeutel füllen und die Heringe dekorativ garnieren. Zitronenecken und Petersilie dazulegen.

Harengs à la nantaise

4 grüne männliche Heringe
(mit Milchner)
20 g Butter, 80 g gesalzene Butter
1 TL scharfer Senf, 100 ml Öl, Salz
frisch gemahlener Pfeffer
1 Zitrone, 2 Zweige Petersilie

Harengs rôtis à la Izidor

Für die Fische
4 grüne Heringe
1 Ei, 3 EL Paniermehl
3 EL Mandelmehl
Salz, frisch gemahlener Pfeffer
2 EL Öl, 2 EL gesalzene Butter

Für die Sauce
1 Schalotte
40 g gesalzene Butter, 20 g Mehl
400 ml Milch oder Brühe nach Belieben
Salz, frisch gemahlener Pfeffer
1 Messerspitze Zucker, 1 – 2 TL Essig
etwa 2 EL mittelscharfer Senf
3 – 4 EL Crème double
Estragonblättchen

Gebratene Heringe nach Izidor

Die Heringe ausnehmen, putzen, Kopf und Schwanz entfernen, waschen und trockentupfen. Das Ei verschlagen. Panier- und Mandelmehl vermischen. Die Heringe zuerst im Ei, dann im vermischten Mehl wenden, salzen und pfeffern. Öl in eine genügend große Pfanne geben, erhitzen und die Butter zufügen. Die Heringe hineingeben und beidseitig etwa 5 – 6 Minuten braten.

Mit einer Senfsauce servieren. Dazu die Schalotte sehr fein würfeln und in Butter andünsten. Mehl darüberstäuben, goldgelb rösten, mit Milch oder Brühe auffüllen und köcheln lassen. Mit Salz, Pfeffer, Zucker, Essig und Senf abschmecken. Die Crème double zugeben und etwas einkochen. Estragonblättchen von den Stielen zupfen, hacken und hineingeben.

CAMARET

Fleisch – Geflügel – Wild

Über dem reichhaltigen Angebot an Meeresfrüchten und ihren Gerichten darf man die Produkte der Landwirtschaft, vor allem der Haute-Bretagne, nicht außer acht lassen. Dort werden Rinder gezüchtet, die in ganz Frankreich Liebhaber gefunden haben.

Ein *gigot d'agneau à la bretonne* hat seinen besonderen Geschmack von den *pré-salé*-Lämmern, die auf den meernahen Salzwiesen weiden. Dazu werden weiße Bohnen und Tomaten serviert.

Bekannt und geschätzt sind auch die Enten von Nantes, eine kleine Rasse – zart und fettarm. Wurstwaren sind recht scharf gewürzt. Eine bretonische Spezialität sind große und kleine geräucherte Kaldaunenwürste – *andouilles* und *andouillettes*.

Spieße mit Lammfleisch

Das Lammfleisch in Würfel von 2,5 cm schneiden. Den Schweinebauch in dünne Scheiben schneiden, dann ebenfalls entsprechend zerkleinern. Die Schalotten abziehen. Das Fleisch eine Stunde in Öl mit Thymian, Rosmarin und gehacktem Knoblauch einlegen. 4 Spieße abwechselnd mit Lammfleisch, Schalotten, geräuchertem Schweinebauch und Champignons bestücken. Alles mit Öl bestreichen. Salzen, pfeffern und grillen.

Brochettes d'agneau de pré-salé

1 kg Lammfleisch (Keule)
150 g geräucherter Schweinebauch
8 Schalotten
1/4 Liter Erdnußöl
Thymian, Rosmarin
2 Knoblauchzehen
8 möglichst nicht zu große
Champignons, Salz
frisch gemahlener weißer Pfeffer

Bretonische Lammkeule

Die getrockneten Bohnen über Nacht einweichen. Im Einweichwasser mit dem Kräuterbündel etwa 1 ½ – 2 Stunden kochen (je nach Alter der Bohnen). 20 Minuten vor Beendigung der Kochzeit die geschälten Tomaten zugeben, salzen und pfeffern. Die Lammkeule mit Thymian und Rosmarin einreiben und in den mit Öl und Butter ausgestrichenen Schmortopf geben. In den vorgeheizten Backofen bei 200 – 210 °C für etwa 60 Minuten stellen. Die Kartoffeln schälen, die Schalotten würfeln und die Knoblauchzehen zerdrücken. 25 Minuten vor Ende der Garzeit die Kartoffeln zufügen und mitbraten lassen. Den Bratensaft, wenn nötig, entfetten. Mit Apfelbranntwein ablöschen. Brühe und Sahne angießen, etwas einkochen lassen, salzen und pfeffern, eventuell passieren. Auf einer großen Platte die weißen Bohnen mit den Tomaten geben. Darauf die Lammkeule mit den Kartoffeln anrichten. Die Sauce gesondert dazu reichen.

Gigot d'agneau à la bretonne

250 g getrocknete weiße Bohnen
1 Kräuterbündel bestehend aus:
Petersilie, Thymian, Lorbeerblatt
4 Tomaten, Salz
frisch gemahlener weißer Pfeffer
1 Lammkeule
1 TL getrockneter Thymian
1 TL Rosmarinnadeln
2 EL Öl, 2 EL Butter
8 – 10 kleine Kartoffeln
3 Schalotten
2 Knoblauchzehen
50 ml Apfelbranntwein
etwa ¼ Liter Brühe
⅛ Liter Sahne

Geflügelbrühe

Huhn, Geflügelklein und Kalbsknochen waschen. Die Gemüse säubern und kleinschneiden. Die Nelke in die Zwiebel stecken. Das Huhn mit Geflügelklein und Kalbsknochen in einen großen Topf geben. Mit gut 2 Liter kaltem Wasser bedecken und langsam kochen lassen. Abschäumen. Die Gemüse und das Kräutersträußchen hineingeben und bei niedrigster Temperatur 2 – 2 ½ Stunden köcheln lassen. Eventuell nochmals abschäumen und entfetten. Zum Schluß durchseihen. Diese Brühe ist Grundlage für viele Saucen und Suppen.

Fond de volaille

1 Suppenhuhn von etwa 1,5 kg
(evtl. noch Geflügelklein oder auch
zusätzlich blanchierte Kalbsknochen)
1 Möhre, 1 Stück Knollensellerie
1 Stück Lauch
1 Knoblauchzehe
1 Nelke, 1 Zwiebel
1 Kräutersträußchen bestehend aus:
1 Zweig Thymian, 2 Zweige Petersilie,
1 Lorbeerblatt
6 schwarze Pfefferkörner

Sauté de coq au cidre

150 g Backpflaumen
gut 1/2 Liter Cidre
1 Hähnchen von etwa 1,2 – 1,3 kg
2 Zwiebeln
50 g gesalzene Butter, Salz
frisch gemahlener weißer Pfeffer
2 TL abgeriebene unbehandelte
Orangenschale
20 g Mehl

Hähnchen mit Backpflaumen in Cidre

Backpflaumen in 1/4 Liter Cidre einweichen. Hähnchen in Portionsstücke teilen. Zwiebeln würfeln. 30 g Butter in einem weiten Bratentopf schmelzen. Hähnchenteile darin goldgelb anbraten. Die Zwiebeln zugeben und glasig dünsten, salzen und pfeffern. Die Hähnchenteile mit Orangenschale würzen. Den restlichen Cidre angießen. Abdecken und 20 – 30 Minuten schmoren lassen. Restliche Butter mit Mehl verkneten und zusammen mit den in Cidre eingeweichten Backpflaumen 5 Minuten vor Ende der Garzeit zufügen.

Coq au Muscadet

1 Hähnchen von etwa 1,2 kg
100 g magerer Speck, 2 Zwiebeln
2 EL Öl, 1 EL gesalzene Butter, Salz
frisch gemahlener weißer Pfeffer
1 TL Thymian, 1 TL Majoran
gut 1/4 Liter Muscadet
1 Bund Suppengrün bestehend aus:
1 Möhre, 1 Stück Knollensellerie,
1 Stück Lauch, 1 Lorbeerblatt,
2 Stengel Petersilie

Für die Béchamelsauce
25 g Butter, 25 g Mehl
1/4 Liter Milch, 1/8 Liter Sahne, Salz
frisch gemahlener weißer Pfeffer
2 Messerspitzen abgeriebene
Muskatnuß

3 gekochte Artischocken
4 EL in Butter geröstete Brotwürfel
1/2 Bund Petersilie

Hähnchen in Muscadet

Das Hähnchen in 8 Stücke schneiden. Den Speck und die Zwiebeln würfeln. Das Öl erhitzen. Die Butter zufügen. Hähnchenteile von allen Seiten goldgelb anbraten. Speck und Zwiebeln dazugeben. Salzen, pfeffern, mit Thymian und Majoran bestreuen, mit dem Wein ablöschen und das Bund Suppengrün zufügen. Abgedeckt etwa 20 – 30 Minuten bei niedriger Temperatur köcheln lassen. Inzwischen die Béchamelsauce herstellen. Artischockenherzen pürieren und zu der Sauce geben. Nicht mehr kochen lassen. Die Hähnchenteile auf eine vorgewärmte Platte legen und den Bratfond durch ein Sieb zu der Béchamelsauce geben. Diese über die Hähnchenteile gießen. Mit gerösteten Brotwürfeln und gehackter Petersilie bestreut servieren.

Nantaiser Ente

Die Zwiebeln schälen. An der Wurzelseite ein Kreuz einritzen. Die Möhre in Stücke oder Scheiben schneiden. Den Bauchspeck würfeln. Die Ente innen salzen und pfeffern. Den Thymianzweig und das Lorbeerblatt mit einem Eßlöffel Butter in die Ente geben und diese binden.

Das Öl in einem Schmortopf erhitzen. Die restliche Butter zufügen und die Ente darin anbraten. Dann herausnehmen und warmstellen. Bauchspeck, Zwiebeln, Möhre hineingeben, salzen, pfeffern und den Zucker zufügen. Die Zwiebeln braten bis sie glasig sind. Mit dem Wein ablöschen. Das Kräuterbündel zufügen. Die Ente wieder hineingeben, zum Kochen bringen, zudecken und in den vorgeheizten Backofen bei 170 – 175 °C etwa 40 – 45 Minuten garen. Die Ente herausnehmen und auf eine vorgewärmte Platte legen. Das Kräuterbündel entfernen. Den Bratensaft entfetten. Das Gemüse um die Ente verteilen.

Für die Beilage die Butter in einem Topf zerlaufen lassen. Die Erbsen zufügen und leicht andünsten. 8 EL Wasser sowie Salz und Zucker zugeben. 8 – 16 Minuten bei geringer Temperatur garen lassen, je nachdem, wie zart die Erbsen sind. Sind die Hülsen der Erbsen noch jung und frisch, etwa im Frühjahr, können einige mitgekocht werden (dazu werden nur die Spitzen abgebrochen und die Fäden gezogen).

Canard nantais

10 – 12 Perlzwiebeln
1 Möhre
125 g geräucherter Bauchspeck
1 junge küchenfertige Nantaiser Ente von etwa 1,8 kg
Salz, frisch gemahlener Pfeffer
1 Thymianzweig
1 Lorbeerblatt
2 – 3 EL Butter
2 EL Erdnußöl
1/2 TL Zucker
1/4 Liter Muscadet
1 Kräuterbündel bestehend aus: Thymian, Estragon, Lorbeerblatt

Für die Beilage
500 – 550 g junge, frische, enthülste Erbsen (etwa 1,5 kg mit Hülsen)
20 g gesalzene Butter
Salz, 1 Messerspitze Zucker

Bratwurst mit Äpfeln

Die Äpfel schälen und in Scheiben schneiden. Das Schmalz in eine Pfanne geben. Die Bratwürste mit einer Gabel einstechen und in das Fett legen. Bei mittlerer Hitze braten. Die Äpfel zufügen und so lange schmoren, bis sie anfangen zu zerfallen.

Variante
Hauchdünn geschnittene Kartoffeln in Butter oder Schmalz anbraten. Dann erst die Äpfel zugeben und die Bratwurst in einer gesonderten Pfanne braten.

Saucisse aux pommes

1 kg Äpfel
25 g Schmalz
4 angeräucherte Bratwürste
nach Belieben 1/2 kg Kartoffeln

Porc au lait

1 kg Schweinefilet
3 Knoblauchzehen
25 g gesalzene Butter
1 Zwiebel, 1 Lorbeerblatt
1 Liter Vollmilch
2 Thymianzweige
2 Petersilienzweige und
1 Zweig zum Garnieren
Salz
frisch gemahlener weißer Pfeffer
2 Messerspitzen abgeriebene
Muskatnuß
nach Belieben 4 EL Crème double
und 1 TL Senf

Schweinefleisch in Milch

In das Schweinefilet mit einer Spicknadel kleine Löcher stechen und 2 der in Stücke geschnittenen Knoblauchzehen hineingeben. Die Butter in einem Schmortopf erhitzen und das Fleisch von allen Seiten gut anbraten. Die Zwiebel mit dem Lorbeerblatt spicken und zu dem Fleisch geben. Die dritte Knoblauchzehe gepreßt zufügen. Die angewärmte Milch zugießen. Die Thymian- und Petersilienzweige hineinlegen. Mit Salz, Pfeffer und Muskatnuß würzen. Zugedeckt in den auf 180 °C vorgeheizten Backofen etwa 1 Stunde schmoren lassen. Das Fleisch danach auf eine vorgewärmte Platte geben. Die Kräuterzweige und das Lorbeerblatt entfernen und die Garflüssigkeit wenn nötig einkochen lassen, dann pürieren oder durch ein Sieb passieren. Nach Belieben mit Crème double, Senf, Salz und Pfeffer abschmecken. Mit Petersilienblättern garnieren.

Chateaubriand et sa sauce

Für 2 Personen

Für die Sauce
3 Schalotten, 1/8 Liter Muscadet
1/8 Liter Fleischfond, 160 g Butter, Salz
frisch gemahlener weißer Pfeffer
Cayennepfeffer
einige Tropfen Zitrone
1 – 2 Zweige Estragon
500 g Filetsteak (aus der Mitte
des Rinderfilets geschnitten)
1 EL Butter, 2 EL Öl, Salz
frisch gemahlener Pfeffer

Chateaubriand

Die Schalotten fein hacken und mit dem Wein bis auf 1/4 einkochen lassen. Fleischfond zufügen und nochmals reduzieren. Durch ein Sieb streichen und zurück in den Topf geben. Die sehr kalte Butter in Stücke dazugeben und mit dem Schneebesen nach und nach einrühren. Nicht mehr kochen lassen. Mit Salz, Pfeffer und Cayennepfeffer sowie einigen Tropfen Zitrone abschmecken. Gehackte Estragonblättchen zufügen.
Die Butter zerlassen und auf das Fleisch streichen. 15 Minuten ruhen lassen. Das Filetsteak mit dem Öl benetzen und in den vorgeheizten, mit Öl eingestrichenen Grill geben. Etwa 3 Minuten bei starker Hitze, anschließend bei geringerer Temperatur nochmals auf jeder Seite etwa 2 – 5 Minuten grillen. Salzen, pfeffern und 5 Minuten stehenlassen, bevor es angeschnitten wird. Mit der Sauce, gebackenen oder gegrillten Tomaten, Brunnenkresse sowie gebackenen Kartoffeln servieren.

Pot-au-feu

Für 6 – 8 Personen
*1 kleine rohe Andouille
(Kaldaunenwurst) von etwa 800 g
1 kleine Kalbshaxe
1 küchenfertige Poularde v. etwa 1,5 kg
1 küchenfertige junge Nantaiser
Ente von etwa 1 kg
1 kleine Sellerieknolle
2 Stangen Staudensellerie
1 Stange Lauch, 200 g weiße Rübchen
2 Möhren, 200 g Wirsingkohl
8 – 10 Kartoffeln, 3 Tomaten
1 Zwiebel mit 2 – 3 Nelken bespickt
1 Kräuterbündel bestehend aus:
5 Zweige Petersilie,
3 Zweige Thymian, 1 Lorbeerblatt
Salz, frisch gemahlener Pfeffer
150 g frische grüne enthülste Erbsen
1/2 – 1 Bund Petersilie*

Pot-au-feu

Andouille in kaltem Wasser etwa 1 Tag einweichen. Das Wasser mehrfach wechseln. Fleisch und Geflügel waschen und trockentupfen. Kalbshaxe und Andouille in einen sehr großen Topf geben und mit 5 – 6 Liter kaltem Wasser übergießen. Nach dem Aufkochen abschäumen. Bei niedriger Hitze köcheln lassen. Die Gemüse waschen, putzen und kleinschneiden. Die Tomaten überbrühen, häuten, entkernen und hacken. Nach 1 Stunde Kochzeit Poularde, Ente und Kräuterbündel zufügen. Den sich bildenden Schaum wieder abschöpfen. Das Fleisch nach knapp 2 Stunden herausnehmen. Die Brühe entfetten. Gemüse und Fleisch in die Brühe zurückgeben. Würzen und noch 20 Minuten köcheln lassen. Kurz vor Beendigung der Garzeit die Erbsen hineingeben. Das Fleisch herausnehmen, das Geflügel tranchieren und alles auf einer vorgewärmten Platte anrichten. Das Gemüse darum verteilen und mit Petersilie bestreut zu Tisch geben.
Die Fleischbrühe kann vorher über eine Brotscheibe gegossen, getrennt gelöffelt und nach Belieben mit geriebenem Käse bestreut werden.

Casse Rennaise

Für etwa 8 – 10 Personen

3 Kalbsfüße
2 Schwänze
3 Zwiebeln
2 Knoblauchzehen
2 EL Schmalz, Salz
frisch gemahlener Pfeffer
800 g Pâté de campagne (gemischte
Fleischpastete)
1,5 kg Schweinebraten
1 Lorbeerblatt
1 Thymianzweig
etwa ¹/₂ Liter Fleischbrühe

Eintopf nach der Art von Rennes

Casse Rennaise ist ein Gericht, das einen gemeinsamen Kern besitzt, aber aus dem jede Hausfrau nach eigenem Geschmack und eigener Fantasie ein von ihren Freundinnen und Nachbarinnen beliebig stark abweichendes Gericht zubereitet. Daß es noch den Namen Casse Rennaise tragen darf, werden unter Umständen nur Eingeweihte herausschmecken. Darüber hinaus gibt es auch noch eine Casse Rennaise Börse, zu der nur die Gildevertreter Zutritt haben. Doch der Genuß ist für alle möglich!

Die Kalbsfüße blanchieren und mit den in Stücke gehackten Schwänzen in frisches heißes Wasser geben. 30 Minuten kochen lassen. Die Zwiebeln in dünne Ringe schneiden. Den Knoblauch zerdrücken. Einen Tonschmortopf gut einfetten. Kalbsfüße und Schwänze hineingeben. Zwiebeln und Knoblauch dazwischen verteilen. Salzen und pfeffern. Den in Scheiben geschnittenen Pâté de campagne zufügen, ebenso das in große Scheiben geschnittene Schweinefleisch. Lorbeerblatt und Thymianzweig zufügen. Die Brühe angießen. Den Tonschmortopf abgedeckt im Backofen 2 ¹/₂ Stunden bei etwa 180 – 190 °C garen. Eventuell den Topf mit einer Mehl-Wasser-Mischung luftdicht verschließen. Mit in dünne Streifen geschnittenen Pfannkuchen aus Buchweizenmehl zu Tisch geben.

Fleischeintopf nach Madame Levenez

Den Kalbsfuß blanchieren, anschließend am Gelenk auslösen und den Fuß längs in zwei Teile spalten. Die Kräuter zusammenbinden. Die Zwiebeln mit den Nelken spicken. Das Fleisch, den Kalbsfuß mit Kräuterbündel und die Zwiebeln in einen großen Topf mit 5 Liter Wasser geben und aufkochen lassen. Salz und zerdrückte Pfefferkörner zufügen. Nach dem Abschäumen den Deckel auflegen und bei geringer Temperatur etwa 1 1/2 – 2 Stunden köcheln lassen. Währenddessen die Kartoffeln schälen. Die Möhren schaben. Die Gemüse vierteln beziehungsweise Lauch und Bleichsellerie in Ringe schneiden. Den Wirsingkohl blanchieren und achteln. Die Gemüse, die geräucherten Würstchen und die Knoblauchwürste zu dem Fleisch geben. Bei Bedarf etwas Wasser zufügen. Weitere 35 – 40 Minuten köcheln lassen. Nochmals mit Salz, Pfeffer und Piment abschmecken. Das Kräuterbündel entfernen. Das Fleisch aufschneiden und auf einer vorgewärmten Platte mit den Würstchen, dem Haxenfleisch und den Gemüsen anrichten. Mit Petersilie bestreuen. Die Brühe ebenfalls in einer Schüssel servieren. Cornichons und Senf dazu reichen. Zuerst wird die Brühe gelöffelt, die über Brotscheiben gegossen wird, dann wird das Fleisch mit den Gemüsen verzehrt.

Potée de Madame Levenez

Für etwa 10 Personen
1 Kalbsfuß
1 Kräuterbündel bestehend aus:
2 – 3 Zweige Petersilie, 2 Zweige Thymian, 1 Lorbeerblatt
3 Zwiebeln, 3 Nelken
2 kg gepökelte und gewässerte Schweineschulter
Salz, 6 schwarze Pfefferkörner
1,2 kg Kartoffeln
500 g Möhren
250 g weiße Rübchen
3 Stangen Lauch
2 Stangen Bleichsellerie
1 Wirsingkohl
1,2 kg geräucherte Würstchen
2 Knoblauchwürste
frisch gemahlener weißer Pfeffer
Piment, 2 EL gehackte Petersilie
nach Belieben Cornichons und Senf
sowie Brot

Les tripes à la mode de Haute-Bretagne

Kaldaunen aus der Hochbretagne

Kaldaunen, Kutteln, Fleck, *tripes*, bretonisch *stripou* genannt, bilden von alters her die Grundlage vieler Gerichte. Die Not, aus der heraus in früheren Zeiten nichts fortgeworfen werden durfte, machte erfinderisch, so daß auch die weniger wertvollen Innereien zu schmackhaften Gerichten verarbeitet wurden. Allerdings war die Vorbereitung sehr zeitaufwendig. Daher werden heute von den Metzgereien Kaldaunen küchenfertig angeboten.

60 g Rosinen
1 Gläschen Bauernschnaps
3 Zwiebeln
1 kg küchenfertige Kaldaunen (Netz-
magen, Labmagen, Blättermagen)
2 EL gesalzene Butter oder Schmalz
1/2 Liter herber Cidre
1/4 Liter Kalbsbrühe
Salz, frisch gemahlener Pfeffer
1 Kräuterbündel bestehend aus:
2 Zweige Petersilie, 1 Zweig Thymian,
1 Zweig Kerbel
1/8 Liter Crème double

Die Rosinen in Schnaps einlegen. Die Zwiebeln würfeln. Die Kaldaunen kleinschneiden. Die Butter in einen Topf geben und erhitzen. Zwiebeln zufügen und andünsten. Kaldaunen zugeben, 1 – 2 Minuten weiterdünsten und mit Cidre und Brühe ablöschen. Mit Salz und Pfeffer würzen. Das Kräuterbündel zufügen, zugedeckt etwa 2 1/2 Stunden bei geringster Hitze schmoren lassen. Kräuterbündel entfernen. Die eingeweichten Rosinen zufügen. Crème double einrühren. Einige Minuten köcheln lassen. Mit Kartoffeln, Bauernbrot oder Buchweizenpfannkuchen und einem gut gekühlten Cidre zu Tisch geben.

Variante

1 kg küchenfertige Kaldaunen
(Netzmagen, Pansen)
3 Zwiebeln, 1 Knoblauchzehe
2 Möhren, 2 Stangen Lauch
1 Kalbsfuß in Stücke gehackt
Salz, frisch gemahlener Pfeffer
1 Messerspitze gemahlene Muskatblüte
1 Kräuterbündel bestehend aus:
2 Zweige Petersilie,
1 Zweig Thymian, 1 Lorbeerblatt
2 Gewürznelken, 1/2 Liter Muscadet
knapp 1/4 Liter Wasser oder Brühe
1 Bund glatte Petersilie

Die Kaldaunen in Stücke von 4 x 6 cm schneiden. Die Zwiebeln würfeln, Knoblauchzehe zerdrücken. Möhren schaben und in Scheiben schneiden. Lauch gründlich waschen und in Ringe schneiden. In einen möglichst gußeisernen Schmortopf die Gemüse schichten; darauf die Kaldaunen und den Kalbsfuß legen. Mit Salz, Pfeffer und Muskatblüte würzen. Kräuterbündel zufügen. Mit Muscadet und Wasser oder Brühe übergießen. Deckel auflegen und im Backofen bei 170 – 180 °C etwa 3 Stunden garen. Kräuterbündel entfernen. Das Fleisch von dem Kalbsfuß schneiden und zerkleinert wieder zu den Kaldaunen geben. Die Garflüssigkeit nach Belieben entfetten. Mit gehackter Petersilie bestreuen. Mit Kartoffeln, Baguette oder Bauernbrot und einem gut gekühlten Muscadet servieren.

Fricassée de marcassin

Für die Marinade
2 Zwiebeln
2 Knoblauchzehen
1 Möhre
1 Stück Knollensellerie
1 kg Frischlingsragout
1 Kräuterbündel bestehend aus:
Thymian, Lorbeerblatt
Rosmarin, Petersilie
6 weiße Pfefferkörner
2 zerdrückte Wacholderbeeren
2 EL Cidre-Essig
1 Liter guter Rotwein
(möglichst Chinon)

Zum Schmoren
2 EL Erdnußöl, 2 EL Butter
1 kleines Gläschen Eau-de-vie-de-cidre
15 g Mehl, Salz
frisch gemahlener weißer Pfeffer
125 g Crème fraîche
2 Messerspitzen Piment

Frischlingsfrikassee

Die Gemüse für die Marinade putzen und kleinschneiden. Das Fleisch in eine Schüssel legen, die Gemüse, das Kräuterbündel und die Gewürze zufügen. Mit Cidre-Essig und Rotwein übergießen. Zugedeckt 24 Stunden marinieren. Zwei- oder dreimal umwenden. Die Ragoutstücke herausnehmen und trockentupfen.

Das Öl in einem Schmortopf erhitzen und die Butter zufügen. Das Fleisch von allen Seiten anbraten. Mit Eau-de-vie-de-cidre flambieren. Mit Mehl bestäuben. Einen Teil des Gemüses samt Beizflüssigkeit zugeben (etwa die Hälfte). Würzen und bei mittlerer Hitze 50 – 60 Minuten köcheln lassen. Eventuell noch Beizflüssigkeit nachgießen. Den Inhalt des Topfes in ein Sieb geben. Das Fleisch warmstellen und die Schmorflüssigkeit in einem Topf auffangen. Crème fraîche zugeben und bei niedriger Temperatur einige Minuten köcheln lassen. Mit Salz, Pfeffer und Piment abschmecken. Über das Fleisch gießen und mit Kartoffeln zu Tisch geben.

Kaninchenragout in Rotwein mit Backpflaumen

Das Kaninchen in Stücke schneiden. Über Nacht in Milch einlegen. Anschließend trockentupfen, salzen und pfeffern. Die Backpflaumen in der Hälfte des Cognacs einlegen. Schalotten würfeln, Knoblauch zerdrücken. Den Speck in kleine Würfel schneiden. Das Öl erhitzen, Butter und Speck zugeben und anbraten. Die Speckwürfel mit einem Schaumlöffel herausnehmen. Die Kaninchenstücke von allen Seiten gut anbraten. Schalotten und Knoblauch zugeben. Thymian-blätter von den Stielen streifen und zufügen. 2 – 3 Minuten unter Rühren weiterbraten. Mit dem restlichen Cognac übergießen und flambieren. Speck wieder zugeben. Mit Rotwein ablöschen und zugedeckt etwa 1 Stunde köcheln lassen. Die Möhren in Scheiben schneiden und zugeben. Weitere 20 Minuten garen. Kaninchenteile herausnehmen und warm stellen. Die Flüssigkeit etwas einkochen lassen. Dann die Einweichbrühe samt Backpflaumen zugießen. Crème double mit 2 TL Mehl verrühren, hineingeben und noch 5 Minuten köcheln lassen. Eventuell noch einmal die Kaninchenteile in der Sauce erhitzen und dann servieren.

Lapin au vin rouge et aux pruneaux

1 junges Kaninchen von
etwa 1,2 – 1,5 kg
1 Liter Milch zum Einlegen
Salz, frisch gemahlener Pfeffer
125 g entsteinte Backpflaumen
1 Glas Cognac
2 Schalotten
1 Knoblauchzehe
100 g durchwachsener Speck
1 EL Öl, 1 EL Butter
1 Zweig Thymian
knapp 1/2 Liter Rotwein
200 g Möhren
1/8 Liter Crème double
2 TL Mehl

Kalbsschnitzel mit Äpfeln und Champignons

Die Äpfel schälen, mit einem Ausstecher das Kerngehäuse entfernen und die Äpfel in Ringe schneiden. In eine Schüssel geben und sofort mit Zitronensaft beträufeln, um ein Braunwerden zu verhindern. Die Kalbsschnitzel salzen, pfeffern und ganz zart mehlen. Die Zwiebel würfeln und die geputzten Champignons in Scheiben schneiden. In einer großen Pfanne das Öl erhitzen und die Hälfte der Butter zufügen. Die Kalbsschnitzel beidseitig etwa 3 – 4 Minuten bei mittlerer Hitze braten, anschließend herausnehmen und warmstellen (Backofen). Zwiebelwürfel in die Pfanne geben und glasig schwitzen. Die Pilze zufügen und einige Minuten andünsten. Mit Cidre ablöschen und den Bratensaft loskochen; etwas einkochen lassen. Mit Calvados und Crème fraîche verfeinern, würzen, die Temperatur reduzieren und die Kalbsschnitzel nochmals kurz hineingeben.
Zwischenzeitlich den Rest der Butter in einer zweiten Pfanne zerlaufen lassen. Die Apfelscheiben hineingeben und goldgelb braten. Die Äpfel nach Belieben mit etwas Ingwer abschmecken und zusammen auftragen.

Escalopes de veau

2 – 3 Äpfel
Saft 1/2 Zitrone
4 Kalbsschnitzel
Salz
frisch gemahlener Pfeffer
15 – 20 g Mehl
1 Zwiebel
400 g Champignons
2 EL Öl
4 EL Butter
1/4 Liter herber Cidre
4 EL Calvados
1/8 Liter Crème fraîche
1 Messerspitze gemahlener Ingwer

Kig ha farz

Für 6 – 7 Personen
5 – 6 Möhren, 3 Kohlrabi
300 g weiße Rüben
2 Stangen Lauch, 1 – 2 Zwiebeln
1 kleines Stück Sellerieknolle
2 Stangen Bleichsellerie
1 Kräuterbündel bestehend aus:
2 Zweige Petersilie
2 Zweige Thymian, 1 Lorbeerblatt
Salz
600 g gepökeltes Schweinefleisch
600 g Ochsenschwanz
600 g Rindernuß

Für den Farz
180 g Rosinen, 1/4 Liter Milch
450 g Buchweizenmehl, 1/8 Liter Sahne
1/8 Liter Crème fraîche, 4 – 5 Eier
100 g Butter, 1 EL Salz, 50 g Zucker

1 Kopf Wirsingkohl
60 g gesalzene Butter

Fleischtopf mit Mehlkloß

So wie der Farz heute in der Niederbretagne noch gekocht wird, wurde er schon vor Jahrhunderten bereitet. Der Ursprung liegt in einer Zeit, in der die Kartoffel noch unbekannt war. Zu einigen Gerichten wird er im Ganzen oder in Scheiben geschnitten serviert. Je nach Belieben kann er auch zerbröckelt werden. Er ist dann *bruzunog*. Kig ha farz ist im Léon ein typisch altes Gericht mit Fleisch. Es war so beliebt, daß es gern zu Hochzeiten gegessen wurde.

Die Gemüse waschen, putzen und kleinschneiden. 6 Liter Wasser zum Kochen bringen. Gemüse und Kräuterbündel hineingeben, salzen und das Fleisch zufügen. 1 Stunde kochen lassen.
Währenddessen Rosinen in warmer Milch einweichen. Buchweizenmehl mit Sahne, Crème fraîche, Eiern, zerlassener Butter, Salz, Zucker und Rosinen mit Milch vermischen und 1 Stunde ruhen lassen. Diese Mischung in einen Leinensack oder -tuch füllen, zusammenbinden, aber noch so viel Platz lassen, daß der Teig sich ausdehnen kann. In die Fleischbrühe geben und eine gute weitere Stunde köcheln lassen. Unterdessen den Kohl in Stücke schneiden und blanchieren. Die Butter zerlaufen lassen und den Kohl darin andünsten. Mit 1/4 Liter Brühe begießen (aus dem Fleischtopf) und im geschlossenen Topf etwa 30 Minuten garen lassen. Den Farz aus der Brühe nehmen, vorsichtig etwas kneten, damit der Inhalt zerbröckelt (Vorsicht, sehr heiß!). Auf einer vorgewärmten Platte das Fleisch anrichten. Kohl und das andere Gemüse sowie den Farz darum verteilen. Die Brühe kann gesondert in Tonschalen serviert werden. Gern legt man eine Scheibe Brot hinein und gießt die Suppe darüber.

Farz

100 g Backpflaumen
2 – 3 EL Rum, 500 g Weizenmehl
1 TL Salz, 60 g gesalzene Butter, 1 Ei
100 g Crème fraîche
80 g brauner Zucker, $^1/_4$ Liter Milch

Souben Kig Sal

1 kleiner Weißkohlkopf
1 Stange Lauch
2 Möhren
2 Zwiebeln
400 g grüne Bohnen
1 kg durchwachsener Bauchspeck

Für den Farz
50 g Rosinen
nach Belieben Rum
400 g Mehl
$^3/_4$ Liter Milch
3 Eier
1 Prise Meersalz
frisch gemahlener Pfeffer

Weizenmehlkloß

Hier noch ein typischer Farz aus Weizenmehl mit Backpflaumen, der vor allem in der Gegend von Vannes hergestellt und oft auch in derselben Brühe wie ein salziger Farz gekocht wurde.

Die entsteinten Backpflaumen in Rum mindestens 1 Stunde einweichen, anschließend etwas zerkleinern. Mehl mit Salz, weicher Butter, Ei, Crème fraîche, Zucker und Milch verarbeiten. Die Backpflaumen zugeben und mindestens 1 Stunde ruhen lassen. Für die Weiterverarbeitung siehe Kig-ha-farz. Garzeit: 1 $^1/_4$ Stunde simmern lassen.

Suppe Kig Sal

Die Rosinen in Wasser oder Rum einweichen. Den Kohl vierteln, Strunk entfernen, den Kohl feinstreifig schneiden oder hobeln und waschen. Lauch waschen und in schmale Ringe schneiden. Die Möhren schaben und würfeln. Die Zwiebeln klein schneiden. Die Bohnen putzen und in 3 cm große Stücke schneiden.
Die Zutaten für den Farz miteinander vermischen und zu einem geschmeidigen ziemlich flüssigen Teig rühren. Etwa 1 Stunde ruhen lassen. Die eingeweichten Rosinen zufügen. In einen Leinensack oder ein Tuch geben und so zubinden, daß genügend Platz für das Quellen des Teigs bleibt. Den durchwachsenen Speck und die Gemüse mit 3 Liter Wasser aufsetzen. Nach dem Aufkochen den Leinensack hineingeben, salzen und pfeffern. Gut 1 Stunde kochen lassen. Nach Belieben gewaschene Kartoffeln in der Schale mitkochen lassen. Gewöhnlich wird der Farz durch leichtes Kneten des Sackes zerbröckelt, mit Speckwürfeln oder -scheiben und Gemüse auf den Teller gegeben und die Suppe darübergefüllt. Man kann aber auch den Farz in Scheiben geschnitten, mit Speck und Gemüse auf einem Teller servieren. Die Suppe beziehungsweise Brühe wird dann getrennt gelöffelt. Mancherorts wird die Brühe auch über Brotscheiben gegossen.
Übriggebliebene Farzscheiben lassen sich am nächsten Tag in Salzbutter gebraten weiterverwerten.

Buchweizen – Farz

Das Buchweizenmehl in eine Schüssel geben. Zuerst die Eier, dann die Milch unterrühren. Nun folgen Vanille, zerlassene Butter, Salz und Zucker. Alles gut verkneten. Die Backpflaumen zufügen und den Teigkloß in einen Leinensack oder als Ersatz ein Geschirrtuch geben und gut zusammenbinden, jedoch so viel Platz lassen, daß der Teig aufgehen kann. In die köchelnde Brühe geben und bei mittlerer bis niedriger Temperatur etwa 1 Stunde und 50 Minuten bis 2 Stunden garen lassen. In der Brühe erkalten lassen. Herausnehmen und den Farz mit durchwachsenem Bauchspeck oder Rindfleisch servieren.

Farz gwiniz-du

300 g Buchweizenmehl
5 Eier, 1/4 Liter Milch
1/2 TL gemahlene Vanille
60 g Butter
1 Messerspitze Salz
30 g Zucker
125 g entsteinte Backpflaumen
3 – 4 Liter Brühe

Gemüse – Beilagen – Saucen

Das milde und regenreiche Klima der Bretagne macht „das Land am Meer"
zugleich zu einem ergiebigen Gemüsegarten. Artischocken, Blumenkohl,
Bohnen, Kartoffeln und Zwiebeln von bester Qualität sind wichtige Handels-
produkte der Bretagne. Erdbeeren aus der Gegend von Plougastel verdienen
besondere Erwähnung. Neben Beerenobst und Kirschen haben Äpfel, aus
denen das prickelnde Nationalgetränk, der Cidre, gewonnen wird, einen
gewichtigen Platz unter den bretonischen Erzeugnissen.

Gemüsebrühe

Die Zwiebel schälen, halbieren und in einem trockenen Topf anrösten. Die
Gemüsezwiebel schälen, halbieren und in Halbringe schneiden. Die Gemüse
waschen, putzen und kleinschneiden. In einem großen Topf die Butter erhitzen
und die Gemüsezwiebel andünsten. Alle anderen Gemüse und die angeröstete
Zwiebel zufügen. Etwas durchdünsten lassen. Mit Wein und Wasser ablöschen.
Die Kräuter und Gewürze zufügen. Etwa 40 – 45 Minuten köcheln lassen. Der
Schaum sollte von Zeit zu Zeit abgeschöpft werden. Die Brühe durch ein
feinmaschiges Sieb oder ein Tuch gießen. Nach Belieben noch einkochen lassen.

Diese Brühe eignet sich für viele Suppen und Saucen.

Fond de légumes

1 Zwiebel, 1 Gemüsezwiebel
1 kleine Stange Lauch, 2 Möhren
2 Stangen Staudensellerie
75 g Knollensellerie
75 g Brokkolistiele
125 g Zucchini, 2 Tomaten
nach Möglichkeit Abfälle von Pilzen
oder Spargel
25 g Butter, 1/8 Liter Weißwein
2 Liter Wasser
1 kleine Knoblauchzehe
2 Zweige glatte Petersilie
1 Zweig Thymian, 1 Zweig Rosmarin
1 Lorbeerblatt, 1 Nelke
3 – 4 Pfefferkörner, Meersalz

Gratin de petits artichauts

8 sehr junge Artischocken
$^1/_2$ Zitrone
2 Schalotten
50 g gesalzene Butter
Salz
frisch gemahlener weißer Pfeffer
$^1/_8$ Liter Muscadet
$^1/_8$ Liter Geflügelbrühe
1 Knoblauchzehe
1 Thymianzweig
$^1/_2$ Lorbeerblatt
3 Eigelbe
1 EL gehackte Petersilie

Junge Artischocken, gratiniert

Den Stiel der Artischocken mit einem Sägemesser abschneiden beziehungsweise nur wenig stehen lassen. Dies richtet sich nach Größe und Zartheit der Artischocken. Die Außenblätter, die oft zäh sind, wegschneiden und abzupfen. Die Spitzen der anderen Blätter mit einem Sägemesser kürzen. Die Artischocken längs halbieren, das Heu entfernen. Die Artischocken in Scheiben schneiden. Mit einer aufgeschnittenen Zitrone bestreichen.

Die Schalotten hacken. Butter in einer großen Pfanne zerlaufen lassen. Die Artischocken mit den Schalotten hineingeben und etwa 10 Minuten braten lassen. Hin und wieder wenden, salzen und pfeffern. Mit Muscadet und Geflügelbrühe ablöschen. Den gehackten Knoblauch, den Thymian und das Lorbeerblatt zugeben. Weitere 8 – 10 Minuten kochen lassen. Die Artischocken herausnehmen und in eine Auflaufform geben. Die noch vorhandene Flüssigkeit etwas einkochen lassen. Dann durch ein feinmaschiges Sieb oder Tuch geben und abkühlen lassen. Die verbliebene Flüssigkeit (knapp $^1/_8$ Liter) mit den Eigelben im heißen Wasserbad aufschlagen. Die gehackte Petersilie zufügen und über die Artischocken geben. Sofort gratinieren. (Grill: mittlere Stärke etwa 5 Minuten, bis die Oberfläche der Sauce anfängt, leicht braun zu werden, oder, wenn kein Grill vorhanden ist, bei Oberhitze 180 – 190 °C etwa 8 – 10 Minuten überbacken).

Artischockenpüree

Die Kartoffeln schälen, kochen und mit der warmen Sahne, dem Eigelb und zerlassener Butter pürieren. Nach Belieben 2 EL Crème fraîche zufügen. Die Artischockenherzen gesondert pürieren und zu der Kartoffelmasse geben. Mit Salz, Pfeffer und den Kräutern vollenden. Eine wohlschmeckende Beilage zu Geflügel.

Purée d'artichauts

3 Kartoffeln
1/8 Liter Sahne
1 Eigelb
25 g gesalzene Butter
nach Belieben 2 EL Crème fraîche
250 g gekochte Artischockenherzen
Salz, frisch gemahlener weißer Pfeffer
1 – 1 1/2 EL gemischte gehackte Kräuter
wie Petersilie, Schnittlauch, Kerbel

Gefüllte Artischockenböden

Die Artischocken waschen und den Stiel abschneiden. Den Blütenboden mit einer Zitrone einreiben, damit er nicht braun wird. Die Blätter der Artischocken und das Heu entfernen. Die Böden auslösen. Wasser zum Kochen bringen. Salz, Zitronensaft und Artischockenböden hineingeben und etwa 8 – 10 Minuten kochen lassen, je nach Größe und Art.
Schalotte und Champignons fein hacken. Die Geflügelleber von Haut und Sehnen befreien und in sehr kleine Stückchen schneiden. Die Butter in einer Pfanne erhitzen. Schalotte und Champignons andünsten. Geflügelleber zufügen und unter Rühren 2 Minuten braten. Salzen, pfeffern, etwas Thymian und Majoran zufügen sowie die gehackte Petersilie (einige Blättchen für die Garnitur zurückbehalten). Crème fraîche unterrühren und in die vorbereiteten Artischockenböden füllen. Lauwarm oder kalt servieren.

Fonds d'artichauts farcis

8 Artischocken
1 Schalotte
100 g Champignons
200 g Geflügelleber
30 g gesalzene Butter
Salz
frisch gemahlener weißer Pfeffer
getrockneter Thymian und Majoran
1/2 Bund glatte Petersilie
2 EL Crème fraîche

Chou farci aux marrons

1 Kopf Weiß- oder Wirsingkohl
mittlerer Größe
Salz, 1 Zwiebel
30 g gesalzene Butter und
10 g Butter für die Kasserolle
200 g gekochte geschälte Kastanien
250 g Hackfleisch vom Lamm
1 Ei, 2 – 3 EL Sahne
frisch gemahlener weißer Pfeffer
1/2 TL Thymian, 1/2 TL Majoran
1 Messerspitze Zimt
1 1/2 Liter Brühe

Chou rouge aux pommes et aux marrons

1 kleiner Rotkohl, 1 Zwiebel
1 – 2 Äpfel, 1 EL Öl, 1 EL Butter
1/8 Liter trockener Cidre
2 EL Cidre-Essig, 1 Nelke
1 Stück Zimtstange (2 – 3 cm)
Salz, frisch gemahlener Pfeffer
1 TL Zucker
300 g gekochte Maronen

Kohl mit Kastanien gefüllt

Die äußeren Blätter des Kohls entfernen. Den Strunk über Kreuz einschneiden, gut waschen und in kochendes gesalzenes Wasser geben. Nach 5 Minuten wieder herausnehmen. Die inneren Blätter des Kohls entfernen und kleinhacken. Die Zwiebel fein würfeln. Die Butter erhitzen. Die Zwiebel andünsten und die Kohlblätter zufügen. Einige Minuten dünsten und in eine Schüssel geben. Kastanien pürieren und mit dem Hackfleisch, Ei und Sahne in die Schüssel geben. Mit Salz, Pfeffer, Thymian, Majoran und Zimt abschmecken. Eine Kasserolle einfetten. Den Kohlkopf füllen und hineingeben (eventuell den Kohl noch mit Küchengarn umwickeln), Brühe angießen und im vorgeheizten Backofen bei 160 °C etwa 60 – 70 Minuten garen.

Rotkohl mit Äpfeln und Maronen

Den Rotkohl halbieren, vom Strunk befreien und fein schneiden. Die Zwiebel hacken, die Äpfel schälen, vom Kerngehäuse befreien und in Scheiben schneiden. Das Öl erhitzen, die Butter zufügen und die Zwiebel andünsten. Den Rotkohl zugeben, einige Minuten weiterdünsten, dann die Äpfel hineingeben. Cidre-Essig angießen. Nelke und Zimtstange zufügen. Zugedeckt etwa 40 Minuten garen lassen, würzen. 5 Minuten vor Ende der Garzeit die Maronen zugeben.

Chateau de Dinan

Chou-fleur à la rennaise

600 g Kartoffeln
1 Zwiebel
Salz
600 g Blumenkohl
4 Eier
40 g Butter
40 g Mehl
1/4 Liter Milch
(alternativ die Hälfte Crème fraîche)
frisch gemahlener Pfeffer
abgeriebene Muskatnuß
nach Belieben Garnelen und
geriebener Käse

Chou-fleur à la sauce Gribiche

Für den Blumenkohl
1 Blumenkohl
Salz, 1 Glas Milch

Für die Gribiche-Sauce
3 Eier, hartgekocht
1/4 Liter Öl, Salz
2 EL Weißweinessig, 1 TL Dijon-Senf
frisch gemahlener weißer Pfeffer
1 – 2 kleingehackte Gewürzgurken
1 EL Kapern
je 1 – 1 1/2 EL gehackte Petersilie,
Schnittlauch und Estragon

Blumenkohl aus Rennes

Die Kartoffeln schälen, falls nötig der Länge nach halbieren und mit der in Scheiben geschnittenen Zwiebel in 1 Liter gesalzenem Wasser 12 Minuten kochen. Den geputzten und in Röschen zerpflückten Blumenkohl zugeben und weitere 10 Minuten garen. Die Kochbrühe abgießen und auffangen. Den Blumenkohl und die Kartoffeln warmstellen. Die Eier hart kochen. Butter in einem Topf schmelzen lassen, Mehl zugeben und durchschwitzen lassen. 1/4 Liter Kochbrühe und 1/4 Liter Milch nach und nach unter ständigem Rühren zufügen. Mit Salz, Pfeffer und Muskatnuß abschmecken. 8 – 10 Minuten bei niedriger Temperatur und häufigem Rühren köcheln lassen. Die Kochbrühe abgießen und auf einer Platte Blumenkohlröschen und Kartoffeln anrichten. Mit halbierten Eiern garnieren und der Béchamelsauce übergießen.

Variante wie ich sie in der Gegend von Saint-Malo kennengelernt habe:
Eine Auflaufform einfetten. Blumenkohl und Kartoffeln einschichten. Garnelen zugeben und mit Béchamelsauce bedecken. Mit geriebenem Käse bestreuen. In den auf 220 °C vorgeheizten Backofen geben und etwa 15 – 20 Minuten überbacken.

Blumenkohl mit Gribiche-Sauce

Blumenkohl putzen, waschen und eine halbe Stunde in kaltes gesalzenes Wasser legen, dann in Röschen teilen und in kochendem Salzwasser, dem ein Glas Milch zugefügt wurde, etwa 6 – 8 Minuten köcheln lassen. Der Blumenkohl sollte noch bißfest sein. Herausnehmen und abschrecken.

Die Eigelbe in eine Schüssel geben und tropfenweise unter ständigem gleichmäßigem Rühren das Öl zufügen. Mit Salz, Weißweinessig, Senf und Pfeffer abschmecken. Gewürzgurken, Kapern und Kräuter zufügen. Mit dem Blumenkohl auftragen.

Kartoffelgratin

Die Kartoffeln waschen und in der Schale kochen. Noch heiß pellen und durchpressen. Mit weicher Butter, Mehl, Eiern und Milch vermischen (1 Eigelb und 3 Eßlöffel Milch zum Bestreichen des Gratins zurückbehalten) und würzen. Die gehackte Petersilie unterziehen. Eine Keramikkuchenform gut ausbuttern. Den Teig einfüllen. Eigelb mit Milch verrühren und den Kartoffelkuchen damit bestreichen. In den auf 180 °C vorgeheizten Backofen für etwa 45 – 50 Minuten geben.

Gratin de pommes de terre

750 g Kartoffeln
45 g gesalzene Butter und
Butter für die Form
150 g Mehl
5 Eier
80 ml Milch
Salz, frisch gemahlener weißer Pfeffer
2 Messerspitzen Macis
1 Bund glatte Petersilie

Karotten-Kartoffel-Püree

Die Kartoffeln schälen und in Stücke schneiden. Die Karotten schaben und kleinschneiden. Knapp ³/4 Liter Wasser mit den Kartoffeln und Karotten zum Kochen bringen, salzen und etwa 25 Minuten garen lassen. Das verbleibende Wasser abgießen. Die Milch erhitzen, in den Topf zu den Kartoffeln und Karotten geben und diese pürieren. Butter, Pfeffer und eventuell noch Salz zufügen. Die gehackte Petersilie unterrühren.

Purée de pommes de terre aux carottes

500 g Kartoffeln
500 g Karotten
Salz
¹/8 Liter Milch
25 – 30 g gesalzene Butter
frisch gemahlener weißer Pfeffer
1 Bund Petersilie

Purée de pommes de terre et navets

250 g weiße Rübchen
50 g gesalzene Butter, Salz
frisch gemahlener weißer Pfeffer
1 TL Zucker
1/8 Liter Brühe
1 kg mehligkochende Kartoffeln
etwa 1/4 Liter Milch
1 Messerspitze abgeriebene
Muskatnuß

Galette de pommes de terre

Für 4 – 6 Personen
500 g Kartoffeln
200 g Mehl
25 g Hefe
1/2 TL Zucker
6 – 8 EL Milch
1/8 Liter Sahne
100 g Quark, 1 Ei
Salz, frisch gemahlener weißer Pfeffer
2 Messerspitzen abgeriebene
Muskatnuß
Butter für das Blech

Kartoffelpüree mit weißen Rübchen

Die Rübchen putzen, würfeln und in der Hälfte der Butter andünsten. Mit Salz, Pfeffer und Zucker würzen. Brühe angießen und zugedeckt etwa 10 Minuten dünsten. Zwischenzeitlich die Kartoffeln schälen, waschen, vierteln und in wenig gesalzenem Wasser in etwa 20 Minuten weichkochen. Abgießen, abdämpfen, durchpressen oder pürieren. Die heiße Milch unter Rühren an die Kartoffeln gießen. Mit Butter verfeinern. Mit Salz, Pfeffer und Muskat würzen und die gewürfelten Rübchen mit wenig Brühe unterziehen. Die restliche Brühe anderweitig verwenden oder die Milchmenge reduzieren und die Brühe mitverwenden.

Kartoffelkuchen

Die Kartoffeln in der Schale kochen, pellen und reiben. Das Mehl in eine Schüssel sieben, in die Mitte eine Vertiefung drücken. Hefe, Zucker und warme Milch hineingeben und verrühren. Mit Mehl überstäuben und 20 Minuten an einem warmen Ort gehenlassen. Anschließend die Kartoffeln, die leicht temperierte Sahne, Quark und Ei zufügen. Mit Salz, Pfeffer und Muskatnuß abschmecken. Nochmals etwa 20 – 30 Minuten an einem warmen Ort gehenlassen. Im vorgeheizten Backofen bei 180 °C etwa 1 Stunde auf einem eingefetteten Blech backen. Dazu schmeckt ein frischer Salat mit Kräutersauce (siehe Seite 125) oder ein Kräuterquark.

116

Isle de Sein

Pommes de terre à la mode de Bretagne

1 kg Kartoffeln
500 g Tomaten
2 Zwiebeln
2 Knoblauchzehen
100 g Champignons
¹/₂ Bund glatte Petersilie
40 g Butter, Salz
frisch gemahlener weißer Pfeffer
1 Lorbeerblatt, 1 Thymianzweig
¹/₂ Liter Hühnerbrühe

Kartoffeln auf bretonische Art

Die Kartoffeln waschen, schälen und würfeln. Die Tomaten mit kochendem Wasser überbrühen, häuten, grobe Kerne entfernen und hacken. Zwiebeln würfeln und Knoblauchzehen zerdrücken. Champignons putzen und in Scheiben schneiden. Petersilie hacken. Eine Auflaufform gut ausbuttern. Alle Zutaten mischen, salzen, pfeffern und in die Form geben. Lorbeerblatt und Thymianzweig darauflegen und mit der Hühnerbrühe übergießen. In den auf 190 °C vorgeheizten Backofen stellen und gut 1 Stunde garen.

Pommes de terre à la Pèr

Für 4 – 6 Personen
1 kg Kartoffeln
200 g geräucherter magerer Bauchspeck
1 große Zwiebel
1 Knoblauchzehe
1 – 2 Bund Schnittlauch
30 g gesalzene Butter und
Butter für die Form
3 EL Sahne
3 Eier, Salz
frisch gemahlener weißer Pfeffer
200 g Frischkäse

Kartoffelkuchen nach Pèr

Die am Vorabend in der Schale gekochten Kartoffeln pellen und grob raffeln. Den Bauchspeck und die Zwiebel würfeln. Die Knoblauchzehe zerdrücken. Den Schnittlauch in Röllchen schneiden. Die Butter erhitzen. Den Bauchspeck und die Zwiebel darin leicht anbraten. Knoblauch und Schnittlauch dazugeben. Mit Sahne auffüllen, dann etwas abkühlen lassen. Diese Mischung zu den Kartoffeln geben, sowie die Eier und den zerpflückten Frischkäse. Locker mischen, salzen und pfeffern. Eine Form von 28 – 30 cm Durchmesser einfetten. Den Kartoffelteig einfüllen und in den auf 190 – 200 °C vorgeheizten Backofen für etwa 35 Minuten geben.

Kartoffelkuchen nach Maria

Die Kartoffeln in der Schale kochen, pellen und fein reiben. Das Mehl in eine Schüssel geben, in die Mitte eine Vertiefung drücken. Hefe und Zucker hineingeben. $1/4$ der lauwarmen Milch zur Hefe geben und rühren. Mit einem Tuch abdecken und an einem warmen Ort 20 Minuten gehen lassen. Die restliche Milch erhitzen und über das Baguette gießen. Sollte das Brot sehr alt sein, ist es besser, es vorher zu reiben und dann die Milch darüber zu gießen und aufweichen zu lassen. Die Zwiebel kleinschneiden und den Speck würfeln. 1 Eßlöffel Butter erhitzen. Den Schinkenspeck mit der Zwiebel in eine Pfanne geben und glasig braten. Anschließend abkühlen lassen. Kartoffeln, Mehl, aufgeweichtes Brot, Zwiebeln und Schinkenspeck, Eier und Crème fraîche zusammen vermischen und gut durchkneten. Mit Salz, Pfeffer und Muskatblüte würzen. Eine runde Form von etwa 28 – 30 cm Durchmesser oder ein Blech gut einfetten. Die Masse hineingeben und mindestens 30 Minuten an einem warmen Ort gehenlassen. Ein Eigelb mit 2 Eßlöffel Milch vermischen und auf den Kuchen streichen. In den auf 180 – 200 °C vorgeheizten Backofen für etwa 50 Minuten geben.

Gratin à la Maria

Für 4 – 6 Personen
500 g Kartoffeln
200 g Mehl, 20 g Hefe
$1/2$ TL Zucker
etwa $1/2$ Liter Milch
100 g altes Baguette, 1 Zwiebel
125 g Schinkenspeck
1 EL gesalzene Butter und
Butter für die Form
2 Eier
2 EL Crème fraîche, Salz
frisch gemahlener weißer Pfeffer
2 Messerspitzen gemahlene
Muskatblüte
1 Eigelb und 2 EL Milch zum
Bestreichen des Kuchens

Kartoffeln mit Zwiebeln

Die Kartoffeln schälen und würfeln. Die Zwiebeln halbieren und in Scheiben schneiden. Das Schmalz erhitzen, die Butter zugeben. Zwiebeln 3 – 4 Minuten andünsten. Die Kartoffeln hinzufügen. Den Speck darauf legen. Mit $1/2$ Liter Wasser oder Brühe begießen. Salzen, pfeffern, nach Belieben mit Kümmel bestreuen (Vorsicht beim Salzen, wenn der Speck gesalzen ist). Mit geschlossenem Deckel bei niedriger Temperatur etwa 30 – 40 Minuten garen.

Patatez gan ougnon

1,5 kg Kartoffeln, 3 Zwiebeln
1 EL Schmalz, 1 EL gesalzene Butter
125 – 150 g durchwachsener Speck
$1/2$ Liter Wasser oder Brühe, Salz
frisch gemahlener weißer Pfeffer
1 TL Kümmel

Glasierte Schalotten

Die Schalotten schälen. Butter mit Honig erhitzen und ganz leicht karamelisieren lassen. Schalotten zufügen, hin und her wenden, mit Kalbsfond ablöschen. Etwa 15 Minuten garen, salzen und pfeffern. Nach Belieben mit einer Messerspitze Ingwer würzen.

Échalotes glacées

350 – 400 g Schalotten
30 g gesalzene Butter, 1 EL Honig
(vorzugsweise Apfelblütenhonig)
$1/8$ Liter Kalbsfond
Salz, frisch gemahlener Pfeffer
nach Belieben 1 Messerspitze Ingwer

Zwiebelkonfit

Die Zwiebeln halbieren und in dünne Halbringe schneiden. Die Butter in einem weiten Topf erhitzen und die Zwiebeln andünsten. Rotwein und Portwein angießen. Mit Thymian und Ingwer würzen und zugedeckt 45 – 55 Minuten köcheln lassen, bis die Flüssigkeit verkocht ist. Salzen und pfeffern. Dies schmeckt ausgezeichnet zu gebratenem oder gegrilltem Fleisch.

Confit d'oignon

500 g Zwiebeln, 30 g gesalzene Butter
1/2 Liter Rotwein
gut 1/8 Liter roter Portwein
1 TL getrockneter Thymian
1 Messerspitze gemahlener Ingwer
Salz
frisch gemahlener schwarzer Pfeffer

Maronenpüree

Die Maronen kreuzweise einritzen. In einen Topf mit kochendem Wasser geben und einige Minuten aufkochen lassen. Abschrecken, Schale und innere Haut abziehen. Staudensellerie in Stücke schneiden. Maronen mit Staudensellerie und Fleischbrühe in einen Topf geben, salzen, pfeffern und in etwa 50 – 60 Minuten bei niedriger Temperatur kochen. Im Mixer mit der verbleibenden Brühe pürieren. Eventuell das Püree auf dem Herd trockenrühren und die erhitzte Sahne sowie die Butter unterrühren. Nochmals abschmecken. Besonders zu Wildgerichten sehr beliebt.

Purée de marrons

1 kg Maronen
1 Stange Staudensellerie
1/4 – 1/2 Liter Fleischbrühe
Salz
frisch gemahlener weißer Pfeffer
gut 1/8 Liter Sahne
20 – 30 g Butter

Steinpilze

Die Steinpilze putzen, möglichst nicht waschen. Die Stiele abschneiden (für Brühen oder Suppen verwenden). Die Schalotten fein würfeln und die Knoblauchzehe zerdrücken. Butter in einem Topf zerlaufen lassen. Die Steinpilze mit Schalotten hineingeben und kurz anbraten, danach die Wärmezufuhr verringern. Etwa 40 – 45 Minuten zugedeckt garen. 10 Minuten vor Ende der Garzeit den Knoblauch zufügen, salzen und pfeffern. Nach Belieben Crème fraîche, Crème double oder Muscadet zufügen. Mit gehackter Petersilie bestreut servieren.

Cèpes

800 g Steinpilze
2 Schalotten
1 Knoblauchzehe
50 g gesalzene Butter
Salz
frisch gemahlener weißer Pfeffer
nach Belieben 2 – 3 EL Crème
fraîche oder Crème double oder
3 EL Muscadet
1 Bund Petersilie

Sauce bretonne

1 kleines Stück Lauch (30 g)
1 kleines Stück Sellerie (30 g)
1 Möhre, 2 Champignons
1 Knoblauchzehe, 40 g Butter
1 EL gehackte Petersilie
1 Zweig Thymian, Salz
frisch gemahlener Pfeffer
125 ml Muscadet
200 ml Fisch- oder Fleischbrühe
(je nachdem, wofür die Sauce
Verwendung finden soll)
60 g eiskalte Butter, 4 EL Sahne

Variante
3 Schalotten, 35 g Butter
50 ml Noilly Prat
125 ml trockener Weißwein
200 ml Fischfond
200 ml Crème double
2 EL geschlagene Sahne, Meersalz
frisch gemahlener weißer Pfeffer

Bretonische Sauce

Das Gemüse waschen, putzen und in sehr feine Streifen schneiden. Die Knoblauchzehe zerdrücken. 40 g Butter erhitzen. Die Gemüse und Kräuter hineingeben und dünsten. Salzen, pfeffern, mit Muscadet ablöschen und einköcheln lassen. Thymianzweig entfernen. Fisch- oder je nachdem Fleischbrühe zugeben. Die kalte Butter stückchenweise unter ständigem Rühren zufügen. Die geschlagene Sahne unterziehen. Mit Salz und Pfeffer würzen.

Die Schalotten fein würfeln. Butter in einem Topf erhitzen. Schalotten einige Minuten dünsten. Noilly Prat zugießen, 5 Minuten einkochen und den Wein angießen, wieder reduzieren und den Fischfond zugeben. Nochmals einkochen lassen. Crème double unterrühren und wieder köcheln lassen. Anschließend die Sauce durch ein Sieb passieren, die Sahne unterziehen, mit Meersalz und Pfeffer abschmecken. Das in Butter gedünstete Gemüse (siehe oben) zugeben.

Sauce Saint-Malo

3 Schalotten
80 g Butter
gut ¹/₄ Liter Muscadet
1 Kräuterbündel bestehend aus:
2 Zweige Petersilie, 1 Zweig Thymian,
1 Lorbeerblatt
¹/₄ Liter Fischfond, etwa 1 EL Senf
nach Belieben einige Tropfen
Sardellenessenz
Salz, frisch gemahlener weißer Pfeffer
1 Eigelb, 2 – 3 EL Sahne

Sauce Saint-Malo

Die Schalotten fein würfeln. 40 g Butter erhitzen und die Schalotten darin andünsten. Mit Muscadet ablöschen. Das Kräuterbündel zufügen und stark einkochen lassen. Den Fischfond zugießen und erneut einkochen. Passieren, mit Senf, Sardellenessenz, Salz und Pfeffer abschmecken. Mit Eigelb, Sahne und der restlichen kalten Butter binden. Gut mit dem Schneebesen rühren. Nicht mehr kochen lassen.
Diese Sauce eignet sich zu gedünstetem, gegrilltem oder fritiertem Fisch.

Sauce Hollandaise

1 Schalotte
1 Zweig Petersilie
1 Zweig Estragon
1 kleines Stück Lorbeerblatt
5 weiße zerdrückte Pfefferkörner
1 – 2 EL Weißweinessig
3 EL Wasser
10 EL herber Weißwein

200 g Butter
3 Eigelbe
Salz
frisch gemahlener weißer Pfeffer
Cayennepfeffer
Zitronensaft

Sauce Hollandaise

Die Schalotte fein würfeln und alle Zutaten, von der Schalotte bis zum Weißwein, in einen Topf geben und die Flüssigkeit bis auf $1/3$ oder $1/4$ einkochen lassen. Anschließend durch ein feinmaschiges Sieb gießen. Die Butter schmelzen lassen. Die verbliebene Flüssigkeit in einen Topf gießen und in ein Wasserbad setzen. Die Eigelbe zu der Flüssigkeit geben und cremig aufschlagen. Den Topf aus dem Wasserbad nehmen und unter fortwährendem Schlagen etwas abkühlen lassen. Die lauwarme Butter tropfenweise zugeben. Mit Salz, Pfeffer, Cayennepfeffer und Zitronensaft abschmecken.

Man kann sich die Herstellungsweise etwas vereinfachen, indem 1 Eßlöffel Weißwein mit 1 Messerspitze Salz und Pfeffer sowie den 3 Eigelben direkt im Wasserbad cremig aufgeschlagen wird. Den Topf aus dem Wasserbad nehmen und anschließend wie im Rezept beschrieben verfahren.

Soll die Sauce längere Zeit vor dem Essen zubereitet werden, kann man etwas Kartoffelmehl zusetzen, und zwar 4 Eßlöffel Milch mit 1 Teelöffel Kartoffelmehl, 2 Eigelbe, 30 g Butter, Salz, Pfeffer und etwas Zitronensaft in einem Topf im Wasserbad cremig schlagen. Den Topf aus dem Wasserbad nehmen und wie oben im Rezept beschrieben verfahren.

Beurre aux herbes de Bretagne

1 Schalotte, 1 Knoblauchzehe
je 1 – 2 EL gehackte Petersilie, Kerbel,
Kresse und Schnittlauchröllchen
Salz, frisch gemahlener weißer Pfeffer
250 g gesalzene Butter

Bretonische Kräuterbutter

Käse aus der Bretagne hat sich nie einen großen Namen gemacht. Dagegen erfreuen sich bretonische Milch und Butter aufgrund ihrer guten Qualität in ganz Frankreich großer Beliebtheit. Wir erwähnten bereits die stark gesalzene Butter; wird sie mit Kräutern gemischt, entsteht eine lokale Spezialität.

Die Schalotte sehr fein würfeln und die Knoblauchzehe zerdrücken. Mit den Kräutern, Salz und Pfeffer unter die weiche Butter arbeiten.
Diese Butter wird zum Beispiel für die „Pfannkuchen auf Quiberoner Art" benötigt (siehe Seite 32).

124

Helle Grundsauce

Die Butter erhitzen. Das Mehl hineinstreuen und mit dem Schneebesen gut verrühren. Durchschwitzen lassen, bis das Mehl eine goldgelbe Farbe angenommen hat. Die kalte Flüssigkeit unter ständigem Rühren nach und nach zugießen. Die Sauce sollte zwischendurch immer wieder aufkochen. Mit Salz und Pfeffer würzen. Bei niedriger Temperatur 6 – 8 Minuten köcheln lassen. Hin und wieder umrühren. Nach Belieben mit anderen Geschmackszutaten verändern. Für Gemüsegerichte Gemüsebrühe, für Fischgerichte Fischbrühe und Wein, für Fleischgerichte Kalbs- oder Hühnerbrühe verwenden.

Sauce blanche

40 g Butter
30 g Mehl
etwa ¹/₂ Liter Flüssigkeit wie Brühe, Wasser, Milch oder Sahne
Salz
frisch gemahlener weißer Pfeffer je nach Verwendungszweck auch mit Muskatnuß, Curry, Cayennepfeffer, Tomatenmark oder Kräutern abschmecken

Weiße Buttersauce

Die Schalotten sehr fein würfeln und zusammen mit Weißwein, Fischfond und Essig aufkochen. Einkochen lassen, bis nur noch 4 – 5 EL übrig bleiben. Dies durch ein feines Sieb geben und zurück in den Topf gießen. Die sehr kalte Butter in Stücken dazugeben und mit dem Schneebesen nach und nach einrühren. Diese Sauce sollte nun nicht mehr kochen. Mit Salz, Pfeffer und eventuell noch einigen Tropfen Essig abschmecken, gut aufschlagen. Die Sahne unterziehen.

Beurre blanc

Für 5 – 6 Personen
2 Schalotten
125 ml trockener Weißwein
125 ml Fischfond
2 EL Weißweinessig, evtl. noch einige Tropfen Essig zusätzlich zum Abschmecken
180 g sehr kalte Butter, Salz
frisch gemahlener weißer Pfeffer
1 – 2 EL geschlagene Sahne

Kräutersauce

Die Zitrone auspressen. Crème fraîche, Crème double und Joghurt verrühren. Salzen und pfeffern. Die gewaschenen Kräuter fein schneiden und zufügen. Zu Blatt- oder gemischten rohen Salaten.

Sauce aux herbes

¹/₂ Zitrone, 100 g Crème fraîche
100 g Crème double, 100 g Joghurt
Salz, frisch gemahlener Pfeffer
Kräuter wie: Petersilie, Kerbel, Estragon, Basilikum, Schnittlauch

Sauce de pommes

700 g Äpfel
50 g gesalzene Butter
25 g Zucker
1 Messerspitze gemahlener Zimt
knapp 1/4 Liter Cidre
1 Gläschen Lambig
gut 1/8 Liter Crème double
frisch gemahlener schwarzer Pfeffer
1 Messerspitze gemahlener Ingwer
Salz

Apfelsauce

Die Äpfel schälen, das Kerngehäuse entfernen und in Scheiben schneiden. In einem breitwandigen Topf die Butter zerlassen, den Zucker zugeben und goldgelb karamelisieren lassen (Vorsicht, nicht zu dunkel werden lassen). Die Äpfel zufügen, mit Zimt bestreuen, nach einigen Minuten den Cidre darübergießen und so lange garen, bis sie weich sind. Lambig und Crème double zugeben. Mit Pfeffer, Ingwer, eventuell noch mit Salz abschmecken.

Diese Sauce paßt zu Schweinekoteletts, Schweinebraten, aber auch zu gebratener Gans oder Ente.

Süßspeisen – Desserts – Gebäck

Bretonen sind Gemütsmenschen, die sich Zeit nehmen für ausgiebige Mahlzeiten. Mögen diese mit stark gesalzener Butter zu Radieschen und Brot begonnen haben, eine Mahlzeit krönt immer ein Dessert. Dies kann bestehen aus einer Crêpe-Variante oder einem Kuchen, dem typischen *gâteau breton* beispielsweise (siehe Seite 137 und 138). Der *far breton* ist eine recht süße Eierspeise, an die man sich erst gewöhnen muß. *Craquelins,* bedeckt mit Obst oder süßen Marmeladen, werden frühmorgens schon zum Kaffee gegessen.

Craquelins farcis de Plumaudan

Gefüllte Craquelins aus Plumaudan

Auf unserer Fahrt nach Dinan entdeckten wir in dem kleinen Ort Plumaudan eine Bäckerei, wo Craquelins hergestellt werden. Erwähnt sei aber, daß man diese knusprigen Gebäckscheiben auch im Supermarkt kaufen kann. Als sehr praktisch erweist sich die kleine Mulde in der Mitte des Craquelins zum Füllen mit leckeren Marmeladen oder Honig. Aber auch für pikante Rillettes lohnt sich die knusprige Unterlage.

75 g Marzipanrohmasse
1 – 2 Eigelb, etwa 40 g Puderzucker
200 g französische Frischkäsecreme
(Magerstufe)
200 g vorbereitete Heidelbeeren
6 – 8 Craquelins
1 Eiweiß nach Belieben

Die Marzipanrohmasse durchkneten. Sie sollte weich sein und Zimmertemperatur haben. Mit Eigelb und Puderzucker verrühren. Die Frischkäsecreme zufügen und die Heidelbeeren unterziehen. In die Craquelins füllen und servieren. Nach Belieben mit steifgeschlagenem Eiweiß bestreichen, besser noch einen Spritzbeutel benutzen und für 1 bis 2 Minuten unter den vorgeheizten Grill geben.

Crêpe-dentelle

Bei diesen Köstlichkeiten handelt es sich, so sagt man, um die Erfindung einer versierten Crêpe-Bäckerin aus Quimper. Madame Katel kam Ende vorigen Jahrhunderts auf die Idee, Crêpes in Streifen zu schneiden und noch auf der heißen Eisenplatte über eine Messerklinge aufzurollen. Diese knusprigen Gebilde werden heute in alle Welt verschickt.
Feinschmecker genießen sie zu Champagner, Kaffee und Desserts.

Erdbeeren mit Buttermilchschaum

Eigelbe mit Zucker und Vanille im Wasserbad aufschlagen. Beiseite stellen und etwas abkühlen lassen. Die gut gekühlte Buttermilch zufügen und die geschlagene Sahne unterziehen. Über die leicht gezuckerten Erdbeeren gießen und knusprige Crêpes-dentelle dazu reichen.

Fraises à la mousse de babeurre

3 Eigelbe
4 – 5 EL Zucker
das ausgeschabte Mark 1 Vanilleschote
1/2 Liter Buttermilch
1/8 Liter Sahne
600 – 700 g vorbereitete Erdbeeren
nach Belieben Zucker für
die Erdbeeren

Himbeer-Buttermilch

Die Himbeeren vorsichtig waschen und trocken tupfen. Durch ein Sieb streichen, zuckern und nach Belieben mit Likör aromatisieren. Mit der Buttermilch vermischen und sofort servieren. Köstlich und erfrischend!

Babeurre à la framboise

500 g Himbeeren
Zucker nach Geschmack
nach Belieben Himbeerlikör
3/4 Liter Buttermilch

Coupe de figues et fraises

1/4 Liter Muscadet oder ein anderer
trockener Weißwein
50 g Zucker
2 Messerspitzen gemahlene Vanille
abgeriebene Schale einer
1/2 unbehandelten Zitrone
4 frische Feigen
400 g Erdbeeren
1/4 Liter Sahne

Feigen und Erdbeeren in Muscadet

Muscadet, Zucker, Vanille und Zitronenschale in einen Topf geben und 10 Minuten köcheln lassen. Die Feigen waschen und der Länge nach vierteln. Die Erdbeeren ebenfalls vorsichtig waschen, trockentupfen und halbieren. Die Früchte in den vom Herd genommenen Sirup geben und einige Zeit kühlstellen. Nach Belieben mit leicht geschlagener Sahne servieren.

Mousse aux châtaignes

100 g Zucker
300 g gekochte geschälte Maronen
150 g halbbittere Schokolade
1/4 Liter Sahne
50 g gesalzene Butter, 2 Eier
1/2 TL gemahlene Vanille
2 – 3 EL Cognac

Maronenschaum

Die Hälfte des Zuckers mit 50 ml Wasser etwa 2 Minuten kochen lassen. Vom Herd nehmen. Mit den Maronen fein pürieren. Die Schokolade in Sahne und Butter schmelzen lassen. Die Eier trennen. Eigelbe mit dem restlichen Zucker und Vanille schaumig schlagen und die flüssige Schokolade unter Rühren zufügen. Diese Mischung unter die pürierten Maronen geben. Mit Cognac abschmecken. Ein Eiweiß zu Schnee schlagen und unter die Masse ziehen. In eine Glasschüssel oder in Portionsgläser füllen. Erkalten lassen.

Pommes au Lambig

4 Äpfel
1/2 Zitrone
1 unbehandelte Apfelsine
3 EL Lambig, 40 g Butter
30 – 60 g Zucker je nach Süße der Äpfel
nach Belieben 50 g Marzipan und
150 g Crème fraîche

Äpfel in Orangensaft mit Lambig

Die Äpfel schälen, das Kerngehäuse mit einem Apfelausstecher entfernen. Die Äpfel mit Zitronensaft beträufeln. Apfelsinenschale abreiben, um 1 TL voll zu erhalten. Den Saft auspressen. Saft, Apfelsinenschale und Lambig vermischen. In einer feuerfesten Form Butter und Zucker schmelzen lassen. Die Äpfel hineinsetzen, mit dem Apfelsinensaft übergießen und bei niedriger Temperatur im Backofen garen (180 °C, 20 – 30 Minuten, je nach Sorte). Nach Belieben die Äpfel mit Marzipan füllen und mit Crème fraîche servieren.

Parfait au moka

gut $^1/_4$ Liter Milch
200 g gute, bittere Schokolade
mit einem hohen Kakaoanteil
2 Eigelbe, 1 Ei
90 – 100 g Zucker
1 Täßchen Mokka
1 Gläschen Cognac
gut $^1/_4$ Liter Sahne
1 TL gemahlene Vanille
nach Belieben Babybirnen und
Birnenschnaps

Mokkaparfait

Die Milch mit der in Stücke gebrochenen Schokolade unter Rühren zum Kochen bringen und sofort vom Herd nehmen. Eigelbe, Ei und Zucker im Wasserbad schaumig rühren. Die heiße Schokoladenmilch unter ständigem Rühren in die schaumig gerührte Eigelbmasse geben. Mokka und Cognac zufügen und abkühlen lassen. Die Sahne mit Vanille steif schlagen und unterziehen. Im Tiefkühlschrank in etwa 4 Stunden gefrieren lassen. Mit gedünsteten Babybirnen oder Birnenscheiben garniert servieren. Nach Belieben diese mit Birnenschnaps aromatisieren.

Parfait au miel

1 Ei, 1 Eigelb
1 EL Zucker
3 EL Honig
2 – 3 EL Chouchen
knapp $^1/_4$ Liter Sahne
40 g Mandelsplitter
40 g Butter
2 EL Zucker

Honigparfait

In diesem Parfait sind Honig und Chouchen kombiniert. Chouchen ist ein Metwein aus vergorenem Honig und Wasser, der auch unter dem Namen Hydromel bekannt ist. Wenn Sie es genossen haben, wissen Sie: «c'était parfait – das war Spitze».

Ei, Eigelb und Zucker im leicht simmernden Wasserbad schaumig schlagen. Den Honig zufügen, weiterschlagen. Aus dem Wasserbad nehmen und beiseite stellen. Weiterrühren und mit Chouchen abschmecken. Eventuell zum Abkuhlen in kaltes Wasser stellen. Die Sahne steif schlagen und unterziehen. In eine Form füllen und im Tiefkühlfach in etwa 4 Stunden gefrieren lassen. Mandelsplitter in Butter und Zucker in einer Pfanne anrösten und heiß über das Parfait geben. Nochmals kurz für etwa 15 Minuten in das Gefrierfach stellen, dann servieren.

Eis aus gemischten Beeren

Aus Zucker, Wasser und Portwein in 8 – 10 Minuten einen Sirup kochen. Die Früchte hineingeben und 3 weitere Minuten kochen, dann passieren und erkalten lassen. Die Sahne mit 1 Eßlöffel Zucker und Vanille steifschlagen. Die Erdbeeren halbieren, beides unter die Fruchtmasse ziehen, in die Eismaschine geben und gefrieren lassen. Nach Belieben mit Crème fraîche servieren.

Glace panachée

100 g Zucker und 1 EL Zucker
zum Schlagen der Sahne
1/4 Liter Wasser
1 Gläschen Portwein
300 g gemischte Beerenfrüchte wie
Himbeeren, Erdbeeren, Brombeeren
150 g Sahne
2 Messerspitzen gemahlene Vanille
150 g kleine Erdbeeren
nach Belieben Crème fraîche

Birnensorbet

1/4 Liter Wasser mit dem Zucker in einen Topf geben und 5 Minuten kochen lassen. Die Zitronen auspressen. Die Birnen schälen, Kerngehäuse entfernen und vierteln. Mit Zitronensaft beträufeln. Die Hälfte der Birnen mit gehacktem Ingwer und Zimtstange in den Zuckersirup geben und weitere 5 Minuten köcheln lassen, anschließend darin abkühlen. Die Birnen herausnehmen und mit den ungekochen Birnen pürieren. Mit Chouchen und Ingwer abschmecken. Eiweiß steifschlagen und unterziehen. In die Eismaschine geben und laut Herstelleranweisung gefrieren lassen. Mit Schokoladensauce und bretonischen Keksen (siehe Seite 141) servieren.

Sorbet aux poires

175 g Zucker
1 1/2 Zitronen
800 g weiche Birnen
1 Stück frischer Ingwer, etwa 2 cm
1 Stück Zimtstange, etwa 4 – 5 cm
4 – 5 EL Chouchen
eventuell 1/4 – 1/2 TL gemahlener Ingwer
1 Eiweiß

Sorbet aux pommes

200 g Zucker
1 ¹/₂ – 2 unbehandelte Zitronen
800 g Äpfel
3 – 4 EL Calvados
2 Eiweiß
1 Messerspitze Salz
Minzblättchen zum Garnieren

Apfelsorbet

Vom Quimper kommend fallen die vielen Obstgärten auf, die das hübsche kleine Städtchen Fouesnant im weiten Bogen einrahmen. Dort haben wir das unten beschriebene Apfelsorbet kennengelernt. Welchen Stellenwert Obst innehat, zeigt das Fest der Apfelbäume, das jährlich am ersten Sonntag nach dem 14. Juli stattfindet.

Zucker mit ¹/₄ Liter Wasser in einen Topf geben und durch Rühren bei niedriger Temperatur auflösen. Zu einem leichten Sirup einkochen. ¹/₂ – 1 Zitrone abreiben (nur das gelbe, die weiße Haut schmeckt bitter) und den Saft der Früchte auspressen. Die Äpfel schälen, vierteln und entkernen. Mit dem Saft einer Zitrone beträufeln und in den aufgelösten Zuckersirup geben. Köcheln lassen bis die Äpfel weich sind, anschließend pürieren. Mit Zitronenschale, Calvados und dem restlichen Zitronensaft abschmecken (nach Säure der Äpfel). Das Eiweiß mit einer Messerspitze Salz sehr fest schlagen und unter die abgekühlte Apfelmasse ziehen. In die Eismaschine geben und nach Anweisung des Herstellers gefrieren. Das Sorbet mit dem Portionierer in Glasschalen oder langstielige Gläser geben. Mit Minzblättchen garnieren.

Gâteau aux pommes de Lusia

Für das Dünsten der Äpfel
1 unbehandelte Zitrone
800 g Äpfel, 50 g Butter
25 – 50 g Zucker je nach Süße der Äpfel
¹/₂ TL Zimt, 2 – 3 EL Lambig

Für den Teig
125 g schwach gesalzene Butter
100 g Zucker, 2 Eier, 1 Eigelb
2 TL Backpulver, 125 g Mehl
80 g Mandelmehl, 50 g Mandelblättchen
1 TL gemahlene Vanille

Butter für die Form und 1 EL Mehl

Apfelkuchen nach Lusia

Zitronenschale einer halben Frucht abreiben. Die Äpfel schälen, vom Kerngehäuse befreien, achteln und mit Zitronensaft beträufeln. 50 g Butter mit Zucker in einer Pfanne schmelzen lassen. Die Äpfel zugeben und andünsten. Mit Zimt und Lambig abschmecken. Anschließend abkühlen lassen.
Butter und Zucker in einer Schüssel schaumig rühren. Die Eier und das Eigelb nach und nach zugeben. Das mit Backpulver vermischte Mehl sieben und mit Mandelmehl, Mandelblättchen, Vanille und Zitronenschale zufügen. Die Äpfel mit dem Teig vermischen. Eine Springform von 25 – 28 cm Durchmesser gut einfetten. Mehl darüber stäuben, den Teig einfüllen und in den auf 195 °C vorgeheizten Backofen etwa 45 – 50 Minuten stellen.

Tarte aux pommes bretonne

40 g Rosinen, 3 EL Calvados

Für den Teig
250 g Mehl, 125 g Butter
65 g Zucker, 1 1/2 – 2 TL Zimt
2 Eier

Für den Belag
1 – 1,2 kg Äpfel
200 ml herber Cidre
60 – 70 g Zucker je nach Süße der Äpfel
2 TL abgeriebene unbehandelte
Zitronenschale, 1 EL Zitronensaft
Butter für die Form
2 Eiweiß, 1 Messerspitze Salz

Bretonischer Apfelkuchen

Die Rosinen in Calvados einlegen.

Mehl, kalte Butter, Zucker, Zimt und Eier verkneten und mindestens 2 Stunden in Pergamentpapier verpackt kaltstellen.

Die Äpfel schälen und in Stücke schneiden. In einen Topf geben. Mit Cidre begießen. Zucker zufügen und weich, aber nicht matschig kochen. Zitronenschale und -saft sowie Calvadosrosinen zugeben. Eine Kuchenform von 30 – 32 cm Durchmesser einfetten. Den Teig ausrollen und in den vorgeheizten Backofen bei 220 °C etwa 17 – 22 Minuten backen. Danach die Äpfel darauf verteilen und mit dem steif geschlagenen Eiweiß bestreichen oder noch besser mit dem Spritzbeutel Rosetten darauf spritzen. Nochmals für 6 – 8 Minuten in den Backofen stellen, bis das Eiweiß eine goldgelbe Färbung angenommen hat.

Far breton

150 g entsteinte Backpflaumen
4 EL Rum, 3 Eier
75 g Zucker
1 Messerspitze Salz, 80 g Mehl
1/4 Liter Milch oder Sahne
20 g Butter für die Form

Bretonischer Far

Die Backpflaumen mit Rum übergießen und mindestens 3 Stunden durchziehen lassen. Die Eier mit Zucker verrühren, 1 Prise Salz und eßlöffelweise Mehl zugeben. Nach und nach die Milch oder die Sahne zugießen. Es sollte ein glatter, fast flüssiger Teig sein. Zum Schluß die Backpflaumen unterziehen. Eine Auflaufform gut einfetten und in den auf 180 °C vorgeheizten Backofen etwa 35 – 45 Minuten stellen.

Farz Buan

Die Rosinen mit Eau-de-vie übergießen und 1 – 2 Stunden weichen lassen. Das Mehl in eine Schüssel sieben. Die Eier aufschlagen und hineingeben, verrühren, nach und nach die Milch zugießen. Salz, Zucker und Rosinen zufügen. Die Hälfte der Butter in einer großen Pfanne zerlassen. Den Teig hineingießen und rühren bis er anfängt, dick zu werden. Bei niedriger bis mittlerer Temperatur auf jeder Seite etwa 15 – 20 Minuten backen. Hin und wieder die restliche Butter unter den Farz geben. Vorsicht! nicht anbrennen lassen.

Farz Buan

50 g Rosinen
3 EL Eau-de-vie-de-cidre
300 g Mehl
4 Eier
1/2 Liter Milch
1 Messerspitze Salz
40 g Zucker
60 – 80 g Butter

Käsekuchen nach Mari-Koleta

Die Löffelbiskuits reiben. Weiche Butter und Zucker schaumig rühren. Die Eier nach und nach zufügen. Löffelbiskuits, Backpulver und Quark zufügen. Mit Vanille und Zitronenschale abschmecken. Die von den Stielen gezupften Johannisbeeren unterziehen. 1/2 Stunde stehen lassen, dann eine Keramik-Kuchenform von 24 cm Durchmesser gut einfetten und die Masse hineingeben. In den auf 180 – 190 °C vorgeheizten Backofen stellen und 50 – 60 Minuten backen. Im Ofen bei geöffneter Backofentür erkalten lassen. Nach Belieben mit halbsteif geschlagener Sahne servieren.

Tarte au fromage blanc de Mari-Koleta

100 g Löffelbiskuits
60 g Butter, 60 g Zucker
3 Eier, 2 TL Backpulver
600 g Quark (fromage blanc)
1/2 TL gemahlene Vanille
1 TL abgeriebene unbehandelte
Zitronenschale, 225 g Johannisbeeren

Bretonischer Butterkuchen

Das Mehl auf ein Backbrett sieben. In die Mitte eine Vertiefung drücken. Die in Stücke geschnittene Butter, Zucker, Eigelbe und Chouchen hineingeben und zu einem geschmeidigen Teig verarbeiten. Eine Form von 20 – 22 cm Durchmesser einfetten. Den Teig hineingeben (Teigschaber zu Hilfe nehmen) und glattstreichen. Mit Eigelb bestreichen. Die Oberfläche mit einer Gabel gitterartig einritzen. In den auf 160 – 170 °C vorgeheizten Backofen für etwa 40 – 50 Minuten stellen.

Gâteau breton

200 g Mehl
150 g gesalzene Butter
120 g Zucker
4 Eigelbe
25 ml Chouchen
Butter für die Form
1 Eigelb zum Bestreichen des Kuchens

Gâteau breton

50 g kandierte Engelwurz
2 – 3 EL Rum
10 g Hefe
5 EL Milch
125 g Mehl
125 g gesalzene Butter und
10 g Butter für die Form
125 g Zucker
2 Eier
2 TL abgeriebene unbehandelte
Orangenschale oder
1 TL Orangenblütenextrakt
3 Äpfel
1 Eigelb und 1 EL Milch zum
Bestreichen des Kuchens

Gâteau breton (recette de mamm Agata)

125 g gesalzene Butter
100 g Zucker
2 Eier
125 g Marzipanrohmasse
1 kleine unbehandelte Orange
125 g Mehl
2 TL Backpulver
2 große Äpfel
10 g Butter für die Form
1 Eigelb und 1 EL Milch
zum Bestreichen des Kuchens

Bretonischer Kuchen

Engelwurz (Angelika) kleinschneiden und mit Rum übergießen. Die Hefe in der lauwarmen Milch auflösen. Mit etwas Mehl bestäuben. Butter mit Zucker schaumig rühren. Die Eier nach und nach zugeben, dann das Mehl unter Rühren zufügen. Hefe, Orangenschale oder Extrakt sowie Engelwurz zugeben und den Teig aufgehen lassen. Die Äpfel schälen und in dünne kleine Scheibchen schneiden, ebenfalls unter den Teig heben. Eine Kuchenform gut einfetten, den Teig einfüllen und in den auf 190 – 200 °C vorgeheizten Backofen für etwa 40 – 45 Minuten geben.

So wie hier mit Apfelscheiben wird der Kuchen in der Gegend von Châteaulin bereitet. Anderenorts wird ein Teil des Mehls durch Mandelmehl ersetzt. Anstatt Rum kann auch Chouchen (Hydromel), ein Getränk aus vergorenem Honig und Wasser genommen werden.
Der ursprüngliche *Gâteau breton* wird ohne Apfelscheiben bereitet.

Bretonischer Kuchen nach Mutter Agata

Butter mit Zucker schaumig rühren. Die Eier nach und nach unter Rühren zugeben, ebenso die weiche Marzipanrohmasse. Die Hälfte der Orangenschale abreiben und mit dem Orangensaft zugeben. Das Mehl mit dem Backpulver mischen und zufügen. Die Äpfel schälen. In sehr kleine dünne Scheibchen schneiden und unter den Teig ziehen. Eine Kuchenform von 28 cm Durchmesser ausbuttern, den Teig einfüllen. Eigelb und Milch verrühren und den Kuchen damit bestreichen. Mit einer Gabel ein Gittermuster ziehen und in den auf 190 °C vorgeheizten Backofen für etwa 45 – 50 Minuten geben.

Gâteau au chocolat de mamm goz

250 g gedünstete Birnen
(oder Konserve)
4 EL Calvados
250 g halbbittere Schokolade
8 EL Sahne
125 g Butter und
15 g Butter für die Form
30 g Zucker
30 g Mehl und
5 g Mehl zum Ausstreuen der Form
30 g Stärkemehl
5 Eier

Schokoladenkuchen nach Art der Großmutter

Die Birnen in Stücke schneiden (bei Konservenware vorher den Saft abgießen). Den Calvados darübergießen. Etwas durchziehen lassen. Die Schokolade zerbröckeln und mit der Sahne in einen Topf geben. Unter ständigem Rühren bei niedriger Temperatur schmelzen lassen. Die Butter zufügen, rühren und vom Herd nehmen. Etwas abkühlen lassen. Zucker, Mehl und Stärkemehl hineinrühren. Die Eier trennen und die Eigelbe zur Schokoladenmasse geben. Eiklar zu Schnee schlagen und mit den Birnen unterheben.
Eine Form von 24 cm Durchmesser gut einfetten, mit wenig Mehl ausstreuen, den Schokoladenteig hineingeben und in den auf 170 – 180 °C vorgeheizten Backofen für etwa 50 – 60 Minuten stellen.

Petits gâteaux de madame Renea

130 g Marzipanrohmasse
1 Ei, 1 Eigelb
100 g Zucker
1 TL gemahlene Vanille
100 g Mehl
Butter für die Form

Bretonische Kekse nach Frau Renea

Dieses Rezept besticht durch seine Einfachheit und den geringen Zeitaufwand. Das Ergebnis schmeckt aber trotzdem immer gut zu einer Tasse Kaffee oder zu einem *cafécalva*.
Bretonen nehmen gern einen *cafécalva*. Das ist ein Calvados im Kaffee. So spart man Geschirr und der heiße Kaffee enthält auf einmal ungeahnte Kräfte.

Das weiche Marzipan mit Ei, Eigelb, Zucker und Vanille verrühren. Das gesiebte Mehl zugeben. Ein Blech einfetten. Den Teig in einen Spritzbeutel füllen und kleine schmale Streifen oder Rosetten spritzen. In dem auf 175 °C vorgeheizten Backofen etwa 10 Minuten backen.

Bretonische Kekse

Mehl mit Backpulver mischen und mit dem Zucker in eine Schüssel geben. Eine Vertiefung in die Mitte drücken. Ei, Eigelb, Butter und Salz hineingeben. Zu einem Teig verkneten oder mit den Knethaken des Handrührers verkneten. Den Teigkloß in Pergamentpapier wickeln und 1/2 – 1 Stunde kaltstellen. Anschließend ausrollen und mit einer Ausstechform oder einem Glas runde Plätzchen ausstechen. Auf ein mit Butter ausgestrichenes Backblech geben, mit Eigelb bestreichen und in den auf 190 °C vorgeheizten Backofen für etwa 10 Minuten schieben. Das Gebäck kann mit einer Gabel rautenförmig eingeritzt oder auch mit Hagelzucker bestreut werden.

Galettes bretonnes

250 g Mehl
1 TL Backpulver
100 g Zucker
1 Ei
1 Eigelb
125 g Butter
1 Messerspitze Salz
1 Eigelb zum Bestreichen des Gebäcks

Sternkuchen aus La Haie-Fouassière

Dieses Gebäck war schon im Mittelalter bekannt. Der französische Dichter François Rabelais erwähnt es bereits im 15. Jahrhundert in seinen Gedichten. Noch heute wird es in der Gegend von Nantes zum St. Martins-Tag gebacken.

Das Mehl in eine Schüssel sieben. In die Mitte eine Vertiefung drücken. Die Hefe hineinbröckeln. 1 Teelöffel Zucker und die Hälfte des erwärmten Wassers dazugeben. Hefe, Wasser und Zucker gut verrühren, mit Mehl bestäuben, abdecken und den Vorteig an einem warmen Ort etwa 1/2 Stunde gehen lassen. Danach Zucker, Vanille, Safran, abgeriebene Zitronenschale, die weiche Butter und das restliche Wasser zufügen. Zu einem glänzenden glatten Teig verkneten. Zugedeckt nochmals etwa 1 – 1 1/2 Stunden gehen lassen. Eine Sternform gut ausbuttern. Den Teig hineingeben und nochmals etwa 1/2 Stunde gehen lassen. In den auf 200 °C vorgeheizten Backofen etwa 25 – 35 Minuten backen. Frisch schmeckt dieser Kuchen am besten.
Abwandlung: Tante Morgana hat vor dem Backen den Sternkuchen mit Butter bestrichen und mit Zucker und Mandelblättchen bestreut.

Fouace – Gâteau spécialité

375 g Mehl
20 g Hefe
75 g Zucker
1/8 Liter Wasser
1 TL gemahlene Vanille
1 Messerspitze Safran
1 TL abgeriebene unbehandelte Zitronenschale
150 g gesalzene Butter und Butter für die Form

Gelée de pommes

1 kg Äpfel
1 unbehandelte Zitrone
1/2 Liter herber Cidre
etwa 550 – 600 g Zucker
1 Gläschen Eau-de-vie-de-cidre

Apfelgelee mit Cidre

Die Äpfel waschen und ungeschält vierteln oder achteln, je nach Größe. Die Schale der Zitrone abreiben und den Saft auspressen. Die Äpfel mit Zitronensaft und Cidre in einem Topf kochen lassen, bis sie zerfallen. Die Äpfel in ein Tuch geben und den Saft auffangen. Den Saft abmessen und entsprechend Zucker zufügen. Das Verhältnis sollte 1 : 1 sein. Den Apfelsaft mit dem Zucker und dem Zitronensaft so lange kochen, bis man die Gelierprobe machen kann (1 TL Saft auf einen Teller geben und prüfen, ob er geliert). Hin und wieder den Schaum abschöpfen. Mit Eau-de-vie-de-cidre abschmecken, bevor das Gelee in ganz saubere Gläser gefüllt wird.

Confiture de fraises

1 kg Erdbeeren
1 kg Gelierzucker, 1 Zitrone
nach Belieben 2 – 3 EL Liqueur
de Plougastell

Erdbeerkonfitüre

Die Erdbeeren waschen, vom Blütenansatz befreien, halbieren oder vierteln. Mit Gelierzucker vermischen und in einem großen Topf 4 Minuten kochen lassen. Zitronensaft und Likör zufügen. Sofort in heiß ausgespülte, gut abgetrocknete Gläser füllen und verschließen.

Pain de Nikolaz

325 g Weizenmehl
125 g Weizenvollkornmehl
125 g Buchweizenmehl
125 g Roggenmehl
15 – 20 g Weizenmehl zum Bestreuen
der Arbeitsunterlage
40 g Hefe, 1 TL Zucker
insgesamt knapp 1/2 Liter Wasser
etwa 1 EL Salz
1/2 TL gemahlener Koriander
Butter für das Backblech
2 EL Milch zum Bestreichen
des Brotes

Landbrot nach Nikolaz

Das Mehl mischen und in eine Schüssel sieben. In die Mitte eine Vertiefung drücken. Die Hefe hineinbröckeln und den Zucker zufügen. 1/8 Liter warmes Wasser mit der Hefe verrühren. Mit Mehl überstäuben und abgedeckt an einem warmen Ort 20 – 30 Minuten gehen lassen. Anschließend das restliche warme Wasser, Salz und Koriander zufügen und zu einem Teig verkneten. Abgedeckt 1 – 2 Stunden gehen lassen bis sich das Volumen verdoppelt hat. Ein Backblech einfetten, den Teig noch einmal durchkneten und 1 oder 2 runde Laibe formen. Nochmals auf dem Blech etwa 1/2 Stunde gehen lassen. Die Oberseite mit einem Messer kreuzweise einritzen, mit Milch bestreichen und in den auf 190 – 200 °C vorgeheizten Backofen für etwa 1 1/4 Stunden stellen (Bei 2 Broten etwa 1 Stunde Backzeit).

Menüvorschläge

Nachfolgend möchten wir Ihnen einige Menüvorschläge weitergeben, wie wir sie als Krönung unserer Tagestouren erfahren haben.

Als Aperitif „à la maison" standen zur Auswahl:

Pommeau mit Champagner

Calvados mit Cidre

Chouchen, eau-de-vie-de-cidre und Cidre

Liqueur de Plougastel mit Champagner. Jedes Glas wird mit einer eingestochenen schwimmenden Erdbeere versehen.

Pêche blanc mit einem trockenen Weißwein, etwa ein Muscadet aus Sèvre-et-Maine.

Mûre sauvage mit Muscadet aus Saint-Fiacre-sur-Maine.

Meeresfrüchte-Platte	Plateau de fruits de mer
Nantaiser Ente	Canard nantais
Junge Erbsen, Kartoffeln	Petits pois et pommes de terre
Erdbeeren mit Sahne	Fraises à la crème chantilly
Gefüllte Teppichmuscheln	Palourdes farcies
Bretonische Lammkeule	Gigot d'agneau à la bretonne
Geschmorte Kartoffeln	Pommes de terre sautées
Crêpe mit Schokolade	Crêpe au chocolat

Bretonische Terrine	Terrine bretonne
Rochen aus Morlaix	Raie de Morlaix
Pellkartoffeln	Pommes de terre
Schokoladenkuchen	en robe de chambre
nach Art der Großmutter	Gâteau au chocolat de mamm goz
Blumenkohlsuppe	Potage au chou-fleur
Jakobsmuscheln	Coquilles Saint-Jacques
auf bretonische Art	à la bretonne
Trou breton	Trou breton
Kaninchenragout in Rotwein	Lapin au vin rouge et aux pruneaux
mit Backpflaumen und Nudeln	Pâtes
Maronenschaum	Mouse aux châtaignes
Artischockencremesuppe	Crème d'artichauts
Hummer auf bretonische Art	Homard à l'armoricaine
Apfelkuchen nach Lusia	Gâteau aux pommes de Lusia
Kig ha farz	Kig ha farz
Äpfel in Orangensaft mit Lambig	Pommes au Lambig
Langusten-Salat	Salade de langouste
Schweinefleisch in Milch	Porc au lait
Artischockenpüree	Purée d'artichauts
Honigparfait	Parfait au miel

Ein Kaffee und ein Calvados runden den Genuß ab.
Ein Bretone würde sich für einen *mic* entscheiden. Sein Geheimnis besteht aus Kaffee mit einem mehr oder weniger großen Schuß eau-de-vie.
Ein *trou breton* wird mit Vorliebe bei einem umfangreichen Menü eingeschoben.
So kann diese Pause zu einer angenehmen Unterhaltung beitragen, während die Geschmacksnerven neutralisiert werden und der Magen sich auf die nächsten Gänge einstimmen kann.
Dazu eignet sich ein Sorbet und ein eau-de-vie.

Etwas Bretonisch für Liebhaber

Die bretonische Sprache, das *Brezoneg,* hat sich über die Jahrhunderte erstaunlich gut gehalten. Sie hat sogar eine reiche Literatur hervorgebracht. Heute sprechen, beziehungsweise verstehen immerhin noch fast eine Million Menschen diese Sprache. Die Basse-Bretagne ist zweisprachig, während in der Haute-Bretagne französisch gesprochen wird.

Auf einer Reise durch die Bretagne fällt die Zweisprachigkeit dort auf, wo Ortsschilder mit zwei Namen der französischen und der bretonischen Bezeichnung versehen sind: Quimper / Kemper, Concarneau / Konk-Kerne und andere mehr.

Heute besinnt man sich wieder auf das Bretonische, das besonders in Folkloregruppen gepflegt wird. Seit einigen Jahren kann an der Universität Rennes die *Licence* in der bretonischen Sprache erworben werden. Das *Brezoneg* ist eine Sprache keltischen Ursprungs, verwandt mit dem Wallisischen und Irischen.

Interessant ist es, aus den Ortsnamen deren Entstehungsgeschichte abzuleiten:

Guimiliau	= Weiler des Hl. Melanius
Langoat	= Kirche im Wald
Lampaul	= Kirche des Hl. Paulus
Locmariaquer	= Marienort-Dorf
Locronan	= Ort des Hl. Ronanus
Plougastel	= Pfarrei des Schlosses
Plounevez	= neue Pfarrei
Plouhinec	= Stechginsterort

Als Hilfe folgen einige bretonische Wörter:

aber	Flußmündung	krampouez	Pfannkuchen
aman	Butter	kraz	kroß, knusprig
argoat	Land des Waldes –	kreiz	Mitte
	Binnenland	kroaz	Kreuz
armor /		kuign	Kuchen
Armorika	Land am Meer	lan, lann, lam	Kirche
bihan	klein	langoat	Kirche im Wald
bilig, pilig	Kochplatte	lec'h	Ort, Stelle
Breiz	Bretagne	loc, lok	heiliger Ort
Breiz-Izel	Niederbretagne	mad	gut
Breiz-Uhel	Hochbretagne	mamm	Mutter
bro	Land, Gebiet	mamm-goz	Großmutter
coat, goat, hoat		men	Stein
oder hoët	Wald	milin	Mühle
coz, goz oder koz	alt	minihi	Kloster
demat	Guten Tag	mor	Meer
dol	Tisch	nevez	neu
douar	Erde, Platz	park	Feld
dour	Wasser	pesk	Fisch
druz	fett	plou, plo, poul,	Gemeinde,
du	schwarz	ple, ploë	Pfarrgemeinde
fars, farz	Eierkuchen, in der	rastell, rozell,	
	Auflaufform	askeledenn	Teigschieber
	gebacken	sklisenn, spanell,	
guic, gui	Weiler	askeledenn	Wendemesser
gwenn	weiß	ster	Fluß
gwer	grün	tad	Vater
gwin	Wein	tad-koz	Großvater
gwiniz	Weizen	ti, ty	Haus
gwiniz-du	Buchweizen	tre, tref, trève	Untergruppe einer
hir, hiz	lang		Pfarrei
huelgoat	hoher Wald	tro	Runde, Kurve, Tal
kemper, kember	Zusammenfluß	Tro-Breiz	große Wallfahrt
kenavo	Auf Wiedersehen		durch die Bretagne
ker, quer	Stadt, Dorf,	yec'h ed mat	Auf Ihr Wohl
	Bauernhof	yen	kalt, Kälte
kig	Fleisch		

Schlußwort

Eine Küche lebt nur, wenn sie kreativ weiterentwickelt wird. Die im vorliegenden Buch beschriebenen Gerichte gingen auf wesentlich einfachere zurück; wobei ursprünglich der Kern solcher Gerichte über die Jahrhunderte erhalten blieb, weil er traditionell mit Familien- oder kirchlichen Festen verbunden war. Die Verfeinerungen verdanken ihren Ruf der Sensibilität und dem Erfindungsreichtum professioneller und unprofessioneller Mitglieder des Volkes, und wir sind es, die davon dankbar profitieren.

Biographische Notizen

Renate Kissel, geboren in Berlin, ist eine erfahrene Kochbuchautorin und Gourmetköchin.
Sie unterrichtet Ernährungslehre und gibt ihr Wissen in Seminaren weiter. Sie hat den berühmtesten Köchen Europas über die Schulter geschaut und dort praktische Erfahrungen gesammelt, die ihre erfolgreichen Bücher bereichert haben.
Durch weltweite Studienreisen lernte sie die unterschiedlichen Kulturen sowie die Koch- und Eßgewohnheiten fremder Völker kennen.

Manfred Myka, geboren 1938 in Tetschen-Politz im Sudetenland, hat die Kunstkritik „Gefühl für die Seele einer Landschaft" nachgesagt. Die Aquarelle für dieses Buch sind die Ernte einer Reise, die den Maler im Sommer 1992 in die Bretagne geführt hat. Man spürt aus diesen Blättern die tiefe Zuneigung zu diesem Land, dem Meer, der Luft, den Wolken und dem Licht.
Manfred Myka lebt in Memmingen/Allgäu und in Pazzallo/Tessin und ist dem Kunstverlag Weingarten seit Jahren als Schöpfer der Aquarelle für die Blumen-Kalender verbunden.

Verzeichnis der Abbildungen

Register